Hao Hui-Chuan

懂得藏起厭惡，也能掏出真心

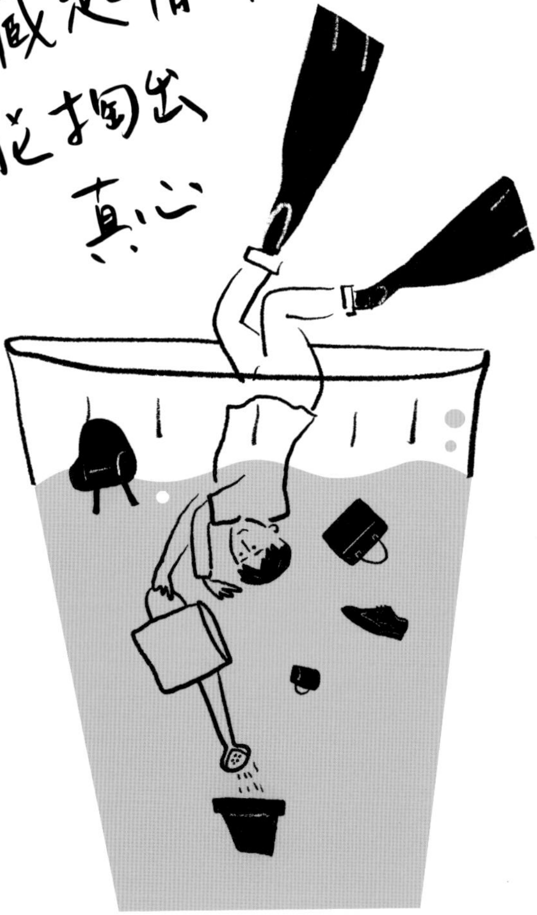

30堂蹺不掉的社會課

郝慧川

UNGE BAR
ENJOY

RESTAURANT
ENJOY
BISTROT
PIZZERIA

〈作者序〉

人生的舞臺，既然上了就好好玩吧！

哈囉，第二本書了，驚不驚喜，意不意外？如果說第一本書是個意外，這一本也還是一個意外。

不知道是不是因為疫情、又或是百年一遇的日環蝕，我敏感的太陽巨蟹因此不斷騷動，腦子開始不斷有些想法，這些想法都和這個成人世界有關。我在自己的社群網站寫了幾篇「郝慧川的社會課」文章，引起了不錯的迴響，才發現，原來很多人、包括我自己，就這樣不知不覺變成了大人；有人走過了長大的階段、有人卡關、有人才正要碰上。

所以，除了不想被說是「一片歌手」，也為了記錄這段過程，和出版社討論後，決定了這本書的誕生。第一本書我寫過「生活不易，全靠演技」，想想長大後的世界真的就像一部電影。每個人的身分、工作，本來只是一個代名詞，長大之後卻成為你一舉一動的準則和參考，每個人都想往自己的角色更靠攏一些，就像演員一樣。

在生活的舞臺上，「長大」是每個人被安排的結果，在不同的情節中，主角會碰到很多其他角色與試煉，然後被打磨成一個成熟的大人，中間這些情節就是我想小題大作的，因為這些東西太重要了，不應該用一個過場就草草結束。

所以，開頭我想先和你聊聊「自己」，你在每個場景都應該有個不一樣的人設。很少人可以從頭到尾只用一種人設，不懂轉換的人，心裡很容易受傷、期待失衡，或是為別人造成麻煩。

此外，這本書比上一本多一些腹黑的元素，說是一些，但我用了十篇的篇幅，因為我覺得有些心機、手段和世故，才能算是一個大人。老實和耿直沒有不好，只是你會過得比較辛苦，而且可能需要很多運氣才能在這個世界裡橫衝直撞而不見血。

成長的過程如果你用力追求過什麼，應該就知道「努力」沒有辦法給你任何保證，有些事注定不可得，也有些人注定留不住。長大的這幾年學會了一些東西，真的不容易，要懂得克制也要放手一搏、要懂得傷人要害也要知道給人臺階、要逼自己努力也要知道放過自己、要珍惜身邊的人同時也要有放手的準備。你說，長大是多麼矛盾、多令人心煩的事情。

大學上過一堂必修的通識課，還記得教授說：「我知道你們都不想來，但既然來了，就算是演也得給我好好上。」就是我這幾年來對於長大這件事的感受，就像時時都不想面對卻又不得不出席的課程。

人都到了，就好好享受吧，跟同學發發訊息、嘲笑老師的妝容、想想下課要吃什麼，過程一定有好玩或令人期待的事情。就算身不由己，也要想辦法快樂，這就是生活啊。

郝慧川寫於台北市信義區（還是那間租來的）小豪宅
2020/6/25

目錄 CONTENTS

目錄 CONTENTS

PART 2 成熟大人必須擁有的好東西

手段、心機和危機意識

目錄 CONTENTS

PART 3 身為大人的放手與和解
走到最後不是你能多用力抓住什麼，而是你能放下多少

PART 1

成為一個大人沒有學問

認識自己、搞懂自己的人設，
你才能不費力氣

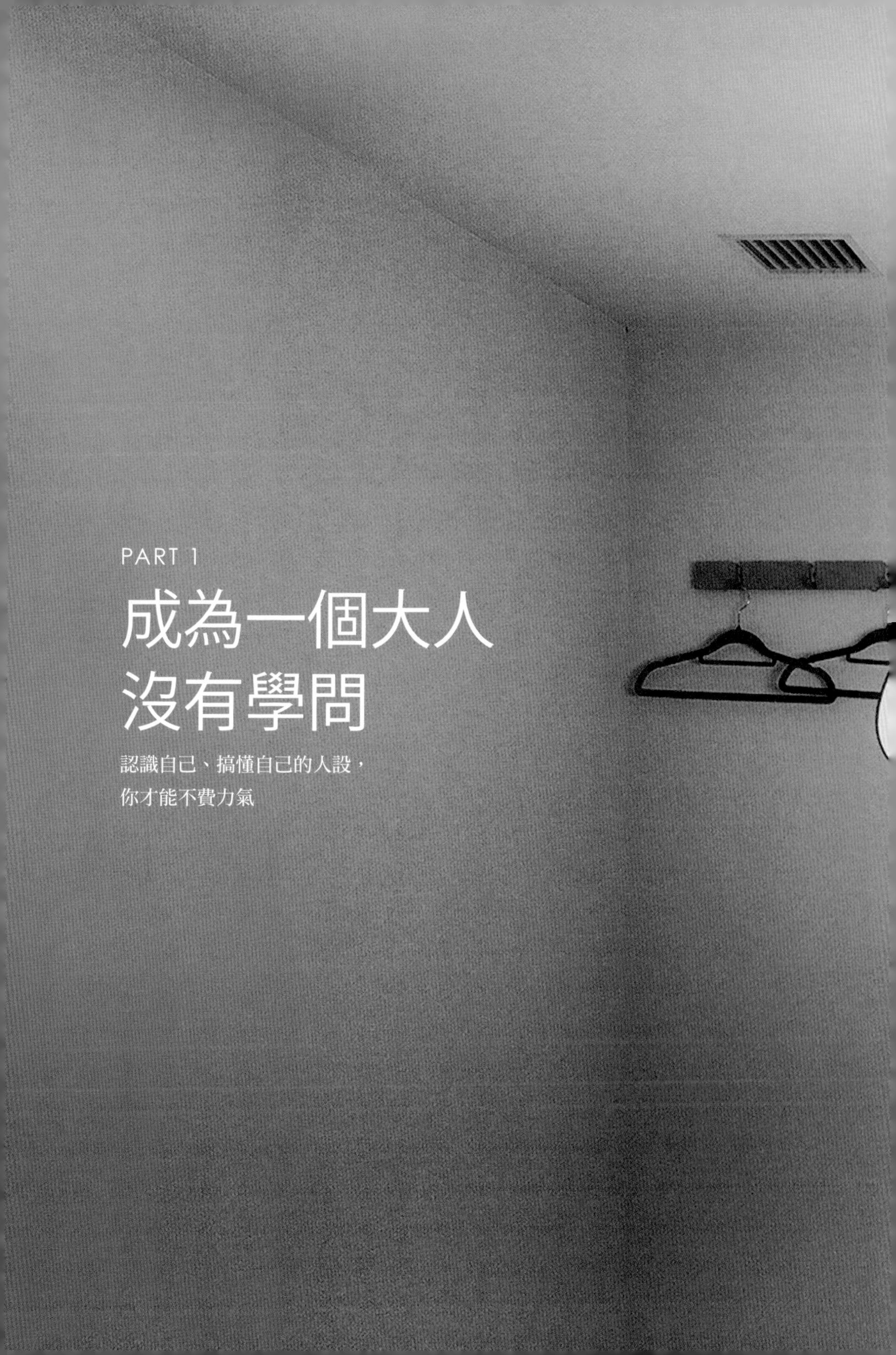

關於人設：

詳閱自己的說明書，只要努力，人生就沒有鑑賞期

不是每個人都生來注定不凡，
用微小的努力撐住平凡的自己，
你已經很厲害了。

先問個問題，你幾歲了？

「長大」這兩個字代表了很多事情，代表你的身體從弱小變強大，強大到退化；代表你開始要擔起許多責任，包括要對很多人負責，這個世界不再只有你自己。

> 我覺得，一個人是不是長大了，
> 勢必要從認識、開箱自己開始，
> 也就是，你是不是認真讀過自己的使用說明書？

小時候大家應該都寫過長大後想要做什麼的作文，懵懵懂懂的，在根本不知道自己能做什麼的情況下寫了很多職業，或根本不是職業的東西：老師、消防員、太空人、警察、醫生或是明星。我小時候的夢想是當圖書館阿姨，因為看起來沒什麼事做，可以一直吹冷氣、不用上體育課，還可以一直看漫畫。（我相信這份工作一定也有辛苦的地方，只是我當時太小看不出來！）但長大後，有多少人真的成為那個夢想中的大人了？

十之八九是走了別條路，因為當時的你根本不認識自己。長大的過程，大人們都叫你先好好念書，長大就會知道自己要做什麼了；也有些人，一路上磕磕碰碰，終於了解自己，走在一條清楚明朗的路上；有人呢，眼前還是一片混沌，彷彿上帝遮住你的眼簾，忘了掀開。

不只年輕人，我覺得到了我這個年紀的人（我三十五歲了，謝謝那些誤會我是二十七歲的人），也時常懷疑自己會什麼，對自己有種種質疑，覺得自己是不是懷才不遇。這樣的落差常常是和旁人比較來的，為什麼他二十八歲已經怎樣怎樣，我二十八歲還在領死薪水。沒錯，你一定是有某些潛能還沒被開發，有某些隱藏的才能，或是你還沒走到對的路上。

你也許會問，那我該怎麼樣找到隱藏的才能？坦白說，我不知道，這是一個很值得深思的問題。你可以從一個方向開始，就是想想你什麼事做得比別人好、比別人少花時間，這時候你的綽號就很重要了，對，綽號。

有句話說：「名字會取錯，綽號不會錯。」想想一路上朋友給你取了什麼外號，撇除那些純粹想霸凌你或是針對先天名字取的。像是「大胃王」，可能代表你很有可能成為吃播的影音部落客，如果外型欠佳，那就努力改變一下外型；「長腿蜘蛛」可能代表你的身材很有優勢，也許可以搞個穿搭部落格；「臭三八」可能代表你講話很活潑、好笑，有表演的潛力。抓住某個優點，再補強其他地方，也許離「出眾」就近了一些。

當然，不是每個人都能找到並發揮潛能，你要知道，地球上傑出的人就那麼幾個，平庸的人還是占多數，所以他們才值得被崇拜。

> 長大，很重要的一件事就是接受自己，妥協的同時再稍微努力一些，讓自己變成不錯的人。

喜歡和欣賞自己不容易，你還需要一點想像力和幽默感。拿我自己來說，我出了一本書，銷量OK，距離暢銷作家還有一段路，但我可以是「年度最暢銷TOP100作家候選人」「五月天石頭官方唯一指定撞臉作家」「酒精不耐界權威」「30存款under一桶金界的菁英」「貪睡鬧鐘設定快手」。我就是如此的不傑出和擁有許多缺點，那又怎麼了呢？不懂認清自己並有足夠幽默感的人，往往自己即是自己的地獄。

如果你發現了自己的長處，請好好利用和發揮，不要想著我要「努力」，用符合世俗標準的功績來逼自己走別條路。例如，你有聽過媒體很常用一句話形容明星嗎？那句話叫：「明明可以靠臉，卻要靠實力。」難道，臉不是實力嗎？顏值就是實力，只是看你能用多久罷了。而這樣的人多半是天生長得好看又剛好幸運地擁有某些才華，或有其他資源才能讓他們撐起這句盛讚。不過，諷刺的是，被這樣形容的明星多半還是靠臉在撐人氣，除去臉，演技可能還不如一個兢兢業業、默默無名的小演員。所以，知道自己所長就要好好發揮，不要明明應該靠實力，卻老想著靠顏值，反之亦然。

也許你開啟了自己的說明書之後會覺得很失望，原來自己這麼普通。讀了這麼多

雞湯文卻一點也不適用，我來告訴你怎麼正確開啟雞湯文吧。你得先搞懂端雞湯給你的人和自己的差異，讓自己不在充滿希望和頓時絕望中來回跳恰恰。

也不要因為別人的故事來決定你該不該相信什麼，譬如誰誰誰的婚姻讓你相信或又不相信愛情了，拿感情這件事來說，你要相信的只有「無常」，所以根本無所謂相不相信。

最後還是要有正面一點的結尾：長大是認識自己。放下努力一定會成功的執念，但不能放棄努力，因為要是平庸還不努力，你這輩子就「撿角」了。那努力要幹嘛？如果你肯花一點力氣，努力這件事情還是不會虧待你的，認識了自己、方向對了，你還是有機會成為一個平庸以上的人。就像我的努力，讓我成為「誠品年度最暢銷 TOP100 作家候選人」一樣。

Q：慧川！慧川！我常覺得我是班上的異類，功課又不好，我撿角了嗎？

A：我常常覺得學校是一個很騙人的環境。出社會好幾年後發現，往往那些很有成就、特別亮眼的人，大多不是班上成績最好的，反而是那些最皮、最不守規矩的。那些最聽話的學生，反倒都成為了普通人。

在學習的環境中，摸索出自己的個性、擅長的東西、好好交朋友是最重要的事。書念不來沒關係，你的在校成績不會跟著你太久。接受自己，不是喪氣地擺爛，而是知道該朝什麼方向努力。「努力」是加入大人世界該有的表現，「經歷」是決定你未來的參考分數。

關於歷練：

把手弄髒，才是真經歷

職場怪談、都市傳說，
建議你早些體驗，
早點獲得免疫力。

我的讀者中有不少學生，大部分是大學生，少部分是高中生。我在書裡講的人生啊、職場啊、感情上的事情，雖然距離他們不遠，卻好像也沒有什麼立即性的問題。我想著，對於他們，我有什麼話可以說嗎？回想一下自己的學生時代，我想，就是多打工吧。

從大一開始我就開始打工，那時身邊有人從沒打過工，原因大多是爸媽希望他們好好念書，覺得打工浪費時間，這點我完全不同意。大學時我待過咖啡廳、餐廳、球鞋店，發過傳單，也當過家教、夏令營隊輔、補習班老師、臨時演員。除了可以賺零用錢，重點是打工這件事太有趣了。

打工是一個讓你提早接觸職場的機會，在學校裡大家沒什麼利害關係，很容易一團和氣，但到了職場就沒那麼單純。我待過那種老闆隨時隨地都在盯著你的工作表現，如果覺得你是冗員會立馬開除的球鞋店，所以要推銷衝業績；在餐廳裡要時時刻刻繃緊神經，別人在忙你看起來沒事就得準備挨罵；當補習班老師要應付學生還要懂得和家長應對，不能顯得太過稚嫩，家長會不把你當回事。

”打工經驗就是一堂堂的社會課。“

在倫敦念研究所的時候，我曾經在翻譯公司當過半年打工仔，那是一家規模很小的翻譯社，辦公室只有我、老闆、一個西班牙打工妹。公司遠得要命，每天都要搭一個多小時地鐵轉火車才能到，有幾次下雪交通大亂，我花了四個小時才到公司。

老闆是英國人，很 chill，熱愛健身，三餐都會搭配目測有七〇〇cc的高蛋白，不得不說外國人體質真的很生猛，這樣喝都不會噁心想吐，也沒有乳糖不耐的問題。每週五我們有個 Happy Hour，他會在下午三、四點把水煙桶拿出來，我們三人就在辦公室裡抽水煙，真是懷念。這到底是什麼神仙工作？他幾次問我：「你覺得我們公司下一步該往哪走？」但少不更事的我，哪在乎什麼公司營運，抽著我的水煙回他：「That's your job!」也許當時認真一點，現在我已經是公司合夥人了。

有次公司接到一個大案子，對方是來自法國的高端奢侈品牌。當時歐洲開始湧入許多來自中國的觀光客，他們想知道倫敦各家分店的店員是否有能力處理暴買實力驚人的中國客人。因此公司要派一群秘密客到各家分店，測試評估店員的接待能力。

接到案子後老闆非常興奮，把我叫到座位前：「川，我一直都覺得你是公司很有潛力的新人，反應又快，這個任務非你莫屬！」原來如此，因為我是一顆有潛力的Star，不是因為我是公司唯一的亞洲人。瞬間我也覺得這個任務非我莫屬，公司三個人的生計都落在我的肩膀上，肩膀好重，使命感漲到天靈蓋。

行前我們到品牌總部開了會，品牌代表是一個操著法國口音的辣妹，老闆在我耳邊不停說著：「天啊，她好辣！」男人吶，不穩重的動物。除了我之外，公司另外安排了幾個跑龍套的，雖然沒人明說，但我知道我才是這齣戲的主角。我和另外一個中國女生分在一組，我們飾演一對情侶，基本上我的人設就是予取予求的男友，跟在女友後面提袋子，女友想要買啥我就買。公司為求逼真，還幫我們準備了幾個名牌紙袋，裡面什麼都沒裝，只有空氣。但提起紙袋，看上去真的有幾分有錢樣。

到了第一家店，老實說真的很緊張，一個窮學生平常根本不會踏進門禁森嚴的名品店，但我心想還是要穩，畢竟我是財大氣粗的有錢人。我緊緊抓住我的名牌提袋，店員熱心地要幫我放袋子，我連忙說不用，因為一轉手就會被發現袋子裡是空氣。

我們頤指氣使地要店員去幫忙拿東西：「我想看那個放在最高的包包」「我想試戴那支手錶」「還有那副眼鏡」，穿戴著幾十萬的行頭在店裡轉圈圈自拍，好不快樂。有些店員很有耐心，任由我們鬧；有些會擺臭臉，甚至對我們的要求充耳不聞。這時我們就要拿出小本本，誠實地記錄他們的反應。當時的我太年輕，難免會帶些小情緒，記得我有一個反饋是：「店員的妝太濃。」

最令人緊張的其實是結帳的環節，我們必須想各種藉口開溜，我身上唯一的信用卡是一張川媽的無印良品附卡，一個包都刷不過。藉口大概都是一些「哎呀！我把卡放在我的保時捷裡了，我得回去拿」「想想我還是不要這個包了，家裡有十個差不多款式的包了」，或是「你們的包沒有可以裝得下一隻吉娃娃的大小嗎？」諸如此類的理由，然後大搖大擺的落荒而逃。

因為這次經驗，體驗到了社會現實的嘴臉，有錢沒錢、膚色、試穿不買等等，你可以因為各種原因被瞧不起。

你也可能遇到惡雇主。以前我在一家已經倒掉的美語學校打工，擔任夏令營的隊輔，這其實是強度很高的工作，因為每天早上八點就要帶著小朋友跑行程，一直到晚上九點他們上床後，還要繼續開會想活動、規畫課綱。那時的老闆是一對很摳門的夫妻。學校的業績已經在走下坡，所以處處省錢，最後省到了孩子們的伙食。

我在學校待了三個梯次，見證了伙食從精緻到腐敗，甚至比我當兵時吃的還差。廚房阿姨減到剩下一個人。有次點心甚至已經臭酸，小朋友跟我反應時我不相信，吃了一口驚覺怎麼這麼像自己喝酒嘔吐的味道。但老闆娘堅持食物沒壞還可以吃，我趕緊把孩子們趕上床，深怕他們吃壞肚子。後來，聽說學校倒了。

我那些沒打過工的朋友，進入職場時大多受到很大的衝擊，覺得怎麼不是把工作做好就好，還有這麼多眉角？這還算好的，很多人連怎麼把事做好都不會。學校裡念不念書是你的自由（指大學），考差了對自己負責就好；在職場工作沒做好，會有一大群人來指責你，還有很多人等著取代你。

最重要的是，很多人出社會時感到迷惘，因為你讀的學校和科系，大多沒辦法告訴你：你喜歡什麼。誰都沒辦法告訴你，你什麼都沒有。

"只有青春是你的本錢。你可以透過打工，不斷接觸舒適圈、同溫層以外的人和工作，讓眼前的路清楚些。"

念外文系的時候，我以為我喜歡當老師、想要當翻譯，但始終佔不到真正喜歡的事情或工作，學校教的都是聽來的，不是你的經歷。

”真正的經歷是你把手弄髒的那一刻，才算數。“

Q：慧川！慧川！那我應該找怎樣的打工？

A：其實什麼樣的打工都可以，只要不違背善良風俗、不違法、注意安全即可。也不要覺得去端盤子、發傳單好像沒意義，相反的，這種工作很可能會讓你有不同的體悟。

從想要改變自己的方向去找打工，例如覺得自己膽子小、怕跟人接觸，服務業就是很好的選擇；如果可以找到和自己所學相關的更好，你可以更早發現自己是否真的有熱情或興趣。總之，我真的非常推薦學生時代一定要去打工。

關於交陪：
用世故面對世界，把煙火留給走心的人

只有喜歡和討厭兩種情緒，
很難在這世界好好生活，
懂得藏起厭惡，也能掏出真心的，
才是真正溫暖的大人。

某天晚上，和一位認識有點久的朋友一起吃飯，那晚是我們第一次聊天聊那麼晚，內容天南地北、亂七八糟的，涵蓋了彼此的感情生活、求學生活、工作經驗然後還有抗老心得，的確已經到了這個年紀了。

人有了年紀怕吵是真的，
但同時還是渴望心靈上的熱鬧。
那晚，我們雖然只有兩個人，
但心情很熱鬧充實，像放了一場煙火。

同天晚上，朋友拉著我去了另一個局，那裡熱鬧非凡，我眼光掃了一下現場，杯觥交錯，大家酒酣耳熱；有人半醉，有人醉成一灘泥，有人大聲講話但不知道自己在說什麼，有人聚在一角說著只有他們自己知道的事。好的，我大概知道了，這是那種我不會想來的局，但因為友人有必須到場的理由，站在好友的立場，我決定陪她，不離不棄，希望她能懷著這分虧欠直到入土（開玩笑的）。

那場局我一個人都不認識，只認得其中一位，我知道我們之間有共同朋友，所以我主動說：「誒？你也認識XXX嗎？我們以前是同事。」「真的嗎？好久沒看到他了，他最近怎麼樣？」我就這樣和現場的人有一搭沒一搭的聊著，偶爾起身去點杯酒，保持微笑，眼神在放空和與人接觸中交替。

突然，有位男子遞給我一副碗筷，我以為是有人特地關照，想到我可能還沒吃飯，但仔細一看，那是一副用過的碗筷，裡面的食物已經吃得精光。我愣了一下，想著：「什麼，連渣都沒留給我吃？」抬頭看了那位男子一眼，一臉醉意，看他醉的程度，就算蔡英文現在出現在他眼前，他也照樣會叫她收走碗筷。我微笑著，把碗筷拿給櫃檯的服務生。

小時候的我會怎樣？我想我一定會很尷尬，不知道怎麼辦，很想趕快攔下路邊看起來最貴的一台車，然後大叫：「帶我回家！」心裡也會有點生氣，覺得自己為什麼要去這種局，在家看 Netflix 不是更實際。但我長大了，我回到座位，繼續放空微笑。

終於可以走了，我和朋友站在酒館門外抽菸，她和我道歉：「不好意思，把你拉來這個局。」我其實一點都沒生氣，如果沒來，我寫書的素材就少一篇了，對，我就是這麼嗜血。

「不會啊，這沒什麼，可是妳為什麼會想來？」這麼問是因為雖然她很努力融入熱鬧的氛圍，但看得出來在勉強自己，尤其站在門外抽菸時，她如釋重負的樣子說明了一切。

「因為我最近剛升了職……」其實說到這裡我就大概懂了，那位她必須見的人是業界重要人士，建立良好關係是必要的。

這種故事很多人應該都經歷過。成年人的社交有兩種，一種走心，一種走馬看花。我們都知道長大後朋友越來越少，因為你有選擇權可以挑選朋友，真的朋友一、兩個就夠，有意義的社交一、兩局足矣。這樣的話說起來很好聽也很成熟，但

> 對很多成年人來說，很多不走心的社交活動也是必須的，為了生活必須要在不想待的環境裡躺一下。

像是公司聚餐的場合、對網紅們來說一場又一場的派對、那些你根本不是很在乎的親戚聚會，你有必須在那裡的理由。面對不想回答的問題，擺臭臉把氣氛搞僵是一個選項，但不會是最好的選擇。因此，每個大人一定也會為了各種原因辛苦的應付著。不管是為了團體的向心力、為了刷臉、為了盡到身為家庭一分子的義務，或是為了你的朋友、夥伴、伴侶，你必須在場等等。你必須收起任性和尷尬，禮貌、親切地應對和應付每一個人，不能無禮、冷淡，或表現出無聊的樣子。

社交累人的地方是，你好像要戴起面具扮演另一個人，但在我的觀察中，那些可以在社交場合游刃有餘的人都不是最好的演員，只是知道什麼時候該說什麼話，以及如何不涉核心地聊天。有個業界友人和我說過這句話，「知世故而不世故」，我很喜歡這個形容，說的是：

StableNice
Café

”

你懂這個世界該有的規則，
人與人之間的現實、權衡，
為了自己或他人的利益暫時收起真我的部分，
但同時還能保有那個暫時收起來的自己，
留給真心相待的人。

“

同樣的道理套用在這樣的情境也很受用，知世故也是每個成年人在各種社交情境時應該有的成熟。至於不世故的部分，就是你知道對那些不走心的人應有的社交底線，就把煙火留給那些能令你走心的人吧。

Q：慧川！慧川！我真的很怕到陌生人很多的社交場合，怎麼辦？

A：我讀過一本書叫《聊得有品味》，作者說他曾經在一個大型社交場合碰到芭黎絲．希爾頓，這位大家印象中不是特別聰明的社交名媛，教了他非常受用的聊天技巧。她說，第一步就是必須丟掉所有的不安想法，然後「破冰」。不要想著硬說一些聰明或幽默的話，天氣、衣服、共同認識的人，什麼都行，對話一旦開啟後面就容易多了。先把自己當成一個旁觀者，靜靜的等待機會，見縫插針。再來，你的姿勢會洩漏情緒。所以身體一定要放輕鬆，眼神很重要。不要快速飄移，在移動的過程一定要和緩，就算和不認識的人對到眼也不要快速移開，因為看起來會很尷尬。對到眼也要慢慢移開，整個人看起來就會沉著多了。這兩招我自己有練習過，真的會自在許多，你可以試看看。真的不行，就假裝家裡有急事必須先走就好。尷尬這種情緒，其實你敢面對和接受後，久了就完全不怕了。真的。

關於認分：
曾經的佛系青年，現在你只想吼系

不管上天給你的是黃金還是一坨屎，
你能做的只有接受，
把手上的牌打好。

寫這本書的時候是「佛系」這個詞很流行的時候，套用在任何印象很辛苦的詞上，就會產生一種反差的幽默感，例如「求職」「健身」「戀愛」等；表達一種什麼都不做，事情會自然水到渠成的偽哲理。

當然，多數人在說這句話的時候多半是開玩笑，或是帶著一種已經放棄、自嘲的幽默。但我驚訝的是身邊有些朋友竟然抱著這樣的態度，還默默奢望有天在宇宙或緣分的巧妙安排下，能夠僥倖地達成目的。

你有聽過「棉花糖實驗」嗎？心理學家沃爾特．米歇爾做過一個實驗，他讓六百多位孩子單獨留在房間內，給他們一塊棉花糖，並告訴他們，實驗人員會離開十五分鐘，如果這段期間可以忍住誘惑不把棉花糖吃掉，就可以再得到一塊。

實驗結束之後，他們持續追蹤這群孩子發現，當年可以忍住不吃棉花糖的孩子，無論是學業、經濟、健康、甚至人際關係的成就都比較高。他們認為，這些孩子小時候就明白延遲享樂的道理，也就是，自律可以帶領他們走向目標。

我的身材一直都偏瘦，總覺得自己穿衣服不好看，很多好看的衣服都撐不起來。後來發現太瘦的男生穿衣服真的很吃虧，看起來也不健康。於是我決定開始健身，但開始時我的確就是秉持著一種佛系的態度，只在睡飽之後，或是不累的時候才去。如果有飯局或朋友邀約，就把運動這件事推遲，一週去一、兩天，有流汗就可以，再搭配喝個高蛋白，以為這樣就會長肌肉。

重訓菜單更是各種「挑食」，只挑想練的動作，練起來太累的部位，像是腿，就盡可能逃避或是簡單做幾個動作，敷衍幾下了事。結果這樣練了一、兩年，發現根本沒有任何進展，肌肉只有在剛練完時有點膨風的效果，隔天就消失得無影無蹤，因為那只是暫時性充血，退去之後你的肉還是原來的肉。

後來覺得這樣下去不是辦法，心一橫去健身房找了教練，那時我才知道以前那種練法就叫「佛系健身」。肌肉是要用汗水和淚水堆疊出來的。首先，肌肉需要規律持續地刺激和破壞才會生長，三天捕魚兩天曬網的練法等於白練；還有，健身是需要顧及全身均衡發展的，不能因為覺得練哪個部位特別帥，就忽略其他部位。例如男生都夢想擁有雷神索爾般神級的胸圍尺寸，所以大半的男子都聚集在練上半身的器材區，然後往下看，你會發現他們的腳都很苗條。我不禁懷疑，上半身索爾，下半身名模林志玲的組合，真的好看嗎？

很多人都討厭練腿，包括我，但教練告訴我下半身的鍛鍊是增肌的重點。所以從初期到現在，每一次鍛鍊都會加入深蹲或硬舉的動作，在蹲或舉的過程中誤以為看到極光或者人生跑馬燈是家常便飯。有時也會很討厭教練，他在旁邊嗆呼的時候會很想叫他閉嘴，每次都覺得自己好可憐、好累，只是想變得好看一些怎麼這麼辛苦？

這樣的訓練其實很快就看到成果了，我發現自己長肉了。開始有人從外型注意到我在健身，雖然最後沒有變成肌肉天菜，但偶爾滑手機看到以前骨感的樣子，都會驚覺自己的轉變。至今，如果沒有什麼重要的事，每週固定兩到三天的運動，是我工作後的第一順位待辦事項。

越大越能發現，

“所有能讓自己變好的事情都是辛苦的。”

整容很痛、健身很累、考大學、找到喜歡的工作很辛苦，人生就是這樣。如果貪圖輕鬆或者是用「佛系」的態度去面對一切，只會越大越魯。

“魯也沒什麼不好，
但最怕是你用魯蛇的態度，卻有成龍的夢想。”

身為一個曾經的佛系青年我很了解，我們這樣的人通常缺少的就是「自律」。能坐就不站，能躺就不坐，能多睡十分鐘就絕不早起十分鐘。沒想過多站對身體好，或者少睡十分鐘可以早點出門、更從容安全地到公司。我相信大多數的人都是有能力的，只是我們都忽略了延遲享樂的力量，像實驗中的孩子，迫不及待地啊姆啊姆吃掉棉花糖。

如果你在我這個年紀，應該會有一些朋友，他們開始工作時就很節省、很少吃喝玩樂，幾年之後突然買了房子，或是投資開店了。原來這些年，他們不只節省、投資，還做了長遠的計畫，所以幾年後他們像變魔術一樣達成了看起來很遠的目標。而我們因為在開始時就覺得目標很遠，不想努力，所以用錯誤的方式把握當下，把資源放到享樂上面，以至於從沒向目標靠近過，但你的朋友卻穩健踏實地一步步走向目標。

所以，不要在不該佛系的時候選擇佛系，不然等著你的只有後悔。我就常常在想，如果幾年前就開始存錢、投資、健身、好好並確實地讓自己變好，現在的我應該會更好才對。當時的錢在聚餐中吃完了，什麼都看不到；每個月買的快時尚衣服，每季都因為過時或者禁不起重複穿，全數捐給舊衣回收。這時的你真的會很想搭時光機回去呼自己幾巴掌。

“什麼都不做的結果不會水到渠成，
因為你根本沒有存到任何水，
只有一團乾涸的人生。”

慧川的課後相談室

Q：慧川！慧川！我真的很怕失敗，該怎麼克服?!

A：你有沒有聽過人說：「我這一生從沒失敗過。」基本上這句話一定是假的，不是說謊，就是這個人從來沒挑戰過什麼事。每一件成功的事情背後，一定都有失敗的成分，很多人在得到幸福之前都碰過幾個渣男渣女，投資賺大錢之前大多也失利過。松浦彌太郎說：「失敗就是你做了個大挑戰的證據。不曾失敗的人，肯定什麼也沒做。」

正如我第一本書說的，「跌倒沒關係，沒人看見就好」。就算被看見，也要華麗地露出底褲。加油！

關於脆弱：

寫給玻璃心患者的情書

這個世界沒有人有義務要對你好，
如果不把心強化，
天天掃自己的玻璃心就夠累了。

身為一個太陽巨蟹的男子，我必須說與生俱來的感性和敏感，很多時候是好的，尤其對我這種兼職的文字工作者來說，它讓我善於發現問題，製造靈感。但我也吃過虧，曾經我也是擁有玻璃心的玻璃寶貝。

我的好友保羅，長官運一向不是很好，又是怪同事磁鐵，譬如說他就碰到一位玻璃奇葩主管。這位玻璃心女主管的事蹟多不勝數，有次保羅和玻璃主管一起和日本同事在群組討論事情，過程中也沒發生什麼事，但最後女主管突然暴走。（聊天內容是英文，以下以中文呈現。）

「最後我希望大家注意一件事情，打字的時候除了縮寫之外，請不要用全大寫。感覺像是你在對我大吼，我覺得很沒禮貌。」這時，保羅和日本人反應不過來發生什麼事。「我說的就是你（日本人）！」原來日本人剛剛把 you 打成 YOu，沒錯，甚至不是全部大寫，只是兩個字母。這很明顯就是手滑打錯字，但女主管受傷了，覺得她被吼。「對不起！我沒注意到這點，是我的疏忽，蘇咪媽線！」在此求日本人的心理陰影面積。

太陽巨蟹的我，其實很能理解女主管的心。

> **心思過於敏感的人容易把很多小事情放大，然後加戲加到自己變成悲劇主角。**

對，還得是主角才可以。「為什麼他吃飯沒找我？」「他去福利社怎麼找別人？」「他剛剛碰到我，怎麼沒說對不起？他是不是故意的？天啊！校園霸凌！」沒錯，我以前就是這樣的玻璃寶貝。

還記得我還是初出社會的小白兔時，不會用公司的印表機，萬般無助下，我請一位臉很臭的同事教我。他看了我一眼，帶我到印表機前，面無表情地操作給我看。演示完之後冷冷地說：「這樣會了嗎？」「會了、會了！謝謝。」他隨口答了「嗯嗯」之後，就逕自回到座位繼續工作。

「我只是一個小菜鳥！有必要對我這樣嗎?!不會用印表機錯了嗎！天啊！職場霸凌！」我在心裡吶喊著。

後來和那位同事變熟了，有天我們聊到印表機的事，我問他當時是不是很不喜歡我，他一頭霧水地說：「沒有啊，那天只是工作很忙，心裡都是工作的事。」是的，他只是跟忙碌中忘了微笑的早餐店阿姨一樣，根本牽扯不到什麼喜歡不喜歡。但我的劇本已經演到他不喜歡我這個小白兔，我好可憐這樣。但現實世界是，人家根本忙到沒時間討厭你。

玻璃心這件事有多可怕，當它茁壯到一個程度後會把人變成怪獸。會把自己受的傷放到極大，開始覺得別人怎麼這樣虧待自己。神聖化自己受的苦，彷彿只要把傷疤搬出來就可以立刻站到神壇上，閃耀著聖潔的光芒，把對方變得齷齪。

在我們每天的生活裡，不缺的就是這種充滿情緒勒索的訴求：「我對你這麼好，你為什麼不懂得珍惜？」「我因為在乎你，才會這麼在意」，其實背後的聲音就是我受傷了，你要給我呼呼。但是……

”習慣要求別人或這個世界對你好，是很可怕的，因為他們沒有義務要對你好。“

如果說我在職場打滾十年學到了什麼，大概就是心臟要強一點。回頭去看，我發現自己的玻璃心和小劇場，放大了那些生活上的不順和人際摩擦與誤解，自己並沒有多慘、多委屈，只是比人家矯情。當然還是有被針對的情況，但多數時候有問題的是自己做事的心態。工作上沒進展、找不到滿意的工作，就覺得懷才不遇；談戀愛失敗，就覺得對方很渣；打不進別人的圈子，就認為自己肯定被針對了。但回想起來，其實是自己當時能力卡關，經歷累積得不夠；自己的外貌和能力矮了人家一節，被拒絕應當服氣；人與人交往，合則來不合則去，只是八字個性不合，他們上輩子不欠你什麼，和你沒有什麼糾葛，所以這輩子即便萍水相逢，也不痛不癢。

止まれ

”

生活沒有「容易」兩個字，
不會因為你有一顆軟弱或易碎的心就對你特別寬容。
「不容易」是生活最公平的事。

“

在這個偶有惡意、荊棘滿途的世界，讓自己的心強一點、不在乎一些是正確的。成人的世界大家都很忙，少拿你的情緒煩別人，也少煩自己。好好賺錢、充實精神生活，可以讓你的矯情有處發洩。

現在的我依舊有顆玻璃心，但應該已經進化成強化玻璃了吧。

Q：慧川！慧川！朋友老是找我抱怨生活各種事，好像很需要我的幫助，我只能安慰他卻也無能為力，該怎麼辦？

A：如果你的身邊有些常常心情不好，需要安慰和陪伴的朋友，你得先判斷一下他是不是有憂鬱傾向，所以才會常常情緒低落。如果感覺真的不對勁，你應該幫他找間身心科診所，畢竟憂鬱是種疾病，就跟感冒一樣，是不需要感覺丟臉的病。

可是，還有一種人純粹只是喜歡抱怨，喜歡討拍，或許是你總可以給他需要的溫暖。就像我的好友L，明明自己每個月還貸款幾乎都要三餐不濟了，三不五時還要開導總是負面思考的朋友，我最常問他的一句話就是：「他們都不知道你今天只吃了一餐嗎？」

這種情況下，站在朋友的立場只要給他人道上的關懷就夠了，不需要非得陪他到世界末日、豁然開朗為止。他有他的大雨滂沱，你有你的水深火熱；他有他的人生課題，你也有你的冤親債主。大人的世界，大家都很忙。

關於能力：
你是真的不行，
還是太溺愛自己？

很多事情，
你是真的不行，
還是光在想像裡就已經退縮？

從小我就是一個退縮大王，從誕生那一天起我的偶包就很大包。開始做一件事之前，我會在腦袋裡想過一遍很可能會失敗的事情，會動次動次地打退堂鼓；我只做百分之百有把握、不丟臉的事情。

小時候老師覺得我作文不錯，要我參加比賽，我的怕丟臉雷達立刻響起，「老師，下課後我要去補數學，可能無法參加了，媽媽說我珠算比賽輸了要拿菜刀剁我的手。」老師聽到這裡，也不好再苦苦相逼，畢竟手對一個小學生很重要。

大學時我曾被老師強灌迷湯參加英語演講比賽，我有很嚴重的舞臺恐懼症，一上臺會緊張到無法自己的那種。無奈老師對我有很高的期望，只好勉為其難地參加，但直到比賽當天我還在想有沒有機會可以中途退出，像是吃壞肚子之類的，但不爭氣的肚子那天表現得相當健康。記得我跟教授說我還沒有準備好，教授笑著對我說：「永遠都不可能有準備好的時候。」那時我握緊手中的仙草蜜，想著：「這老頭在說什麼瘋話！」但臉上依舊掛著微笑。

第一輪的背稿演講輕鬆晉級了，第二關的即興演說我講得一塌糊塗，最後當然被刷掉，教授坐在臺下對我投射的眼神，讓我永遠難忘；從炙熱到失落，最後安慰拍手，都讓我想衝上前去掐他。（開玩笑的！）事後，他告訴我：「雖然你這次太緊張，不過我發現你其實有站在臺上的潛力，你應該要再多點磨練。」

之後，我加入了老頭教授的英語辯論社，跟著社團去各校比賽，後來還加入英語話劇表演，演了男主角，演了吻戲。誰想得到當年在臺上怯生生的男孩，最後竟成為舞臺上閃耀的星星？我根本是櫻木花道，他是我的安西教練？

長大在職場打混了幾年，過了幾年安逸生活後，我似乎又故態復萌。開始在網路上發表文章後，我一直把自己定位成文字型網紅，所以對於寫文字以外的品牌合作，一開始都想推掉，因為我害怕出來的照片或影片不好，被大家笑怎麼辦？不過我的經紀人都會耐心地告訴我，哪些合作應該要接，哪些東西對我有幫助，我其實可以做到等等，循循善誘地把我騙出舒適圈。（天啊！經紀人根本是簽了一個 baby ？）

有次，我參加一個品牌的影片拍攝計畫，看了腳本加上經紀人的鼓勵，覺得不難就非常天真地答應了。到了現場才知道自己錯得離譜。到場時已經有別的網紅在拍攝，妝髮好的我坐在攝影機後，品牌公關說：「慧川看起來一派輕鬆，等等應該不會有什麼問題吧？」我想也是，就是說幾句臺詞有什麼好擔心的？

正在拍攝的是一位人氣男性網紅，他在導演的指示下給出數百種動作，每個動作都不一樣，看得我眼花撩亂，想問他的口袋有多深，是動作維基百科？接著導演說：「臺詞再給我不一樣的情緒喔！活潑的、酷的、帥的！」然後他又展示了不同情緒的臺詞唸法。

我慌了，再也無法沉著。我可以感受到自己的瞳孔正在放大，毛孔正在收縮，我還沒做好從幕後走到幕前的準備，只想回幕後躺著吃卡辣姆久！我問公關：「所以等一下我也要這樣嗎？」「差不多喔！」公關甜笑著。OK，我想奪門而出用廣東話大喊「我做不到」！

我的世界要崩塌了，我的動作大概只有三種：比Ya、開心的Ya、可憐的Ya！不行，我要冷靜，我開始問自己：「當年沈玉琳從幕後走到幕前，也經過這種掙扎嗎？」不是，現在問這個來不及了吧？到我上場時腦袋已經空白一片，只看到眼前圍著一群黑衣人，彷彿都是來參加我網紅生涯的告別式。接著吃螺絲、走路同手同腳都是有的（我以後再也不笑人家走路同手同腳了），懊悔之際，我聽到有人說：「很帥喔、很像石頭。」不知道為什麼，聽到這句我安心許多，後面的拍攝漸漸變得順利，彷彿吃了撒尿牛丸那般有如神助考試一百分，在這邊我也要感謝沈玉琳，還有石頭。

結束拍攝飛快逃離現場後，我感到無比輕鬆。人說歷劫歸來後，會特別珍惜微小而平凡的幸福，這話說得一點都沒錯。我從沒覺得把內衣紮到褲襠最深處、褲頭拉到最高，吃著樓下買的水餃竟然是這麼幸福的事。經過了這次拍攝，感覺自己又長大了一些，不管是拍攝照片還是影片已經不再那麼緊張，甚至有時還會被誇對鏡頭的敏感度很好。

即便自己客觀上似乎擁有挑戰的能力，以前的我還是會習慣說：「先不要。」然後抱著零食躺回舒適圈。慢慢長大，才開始了解老頭教授對我說的那句：

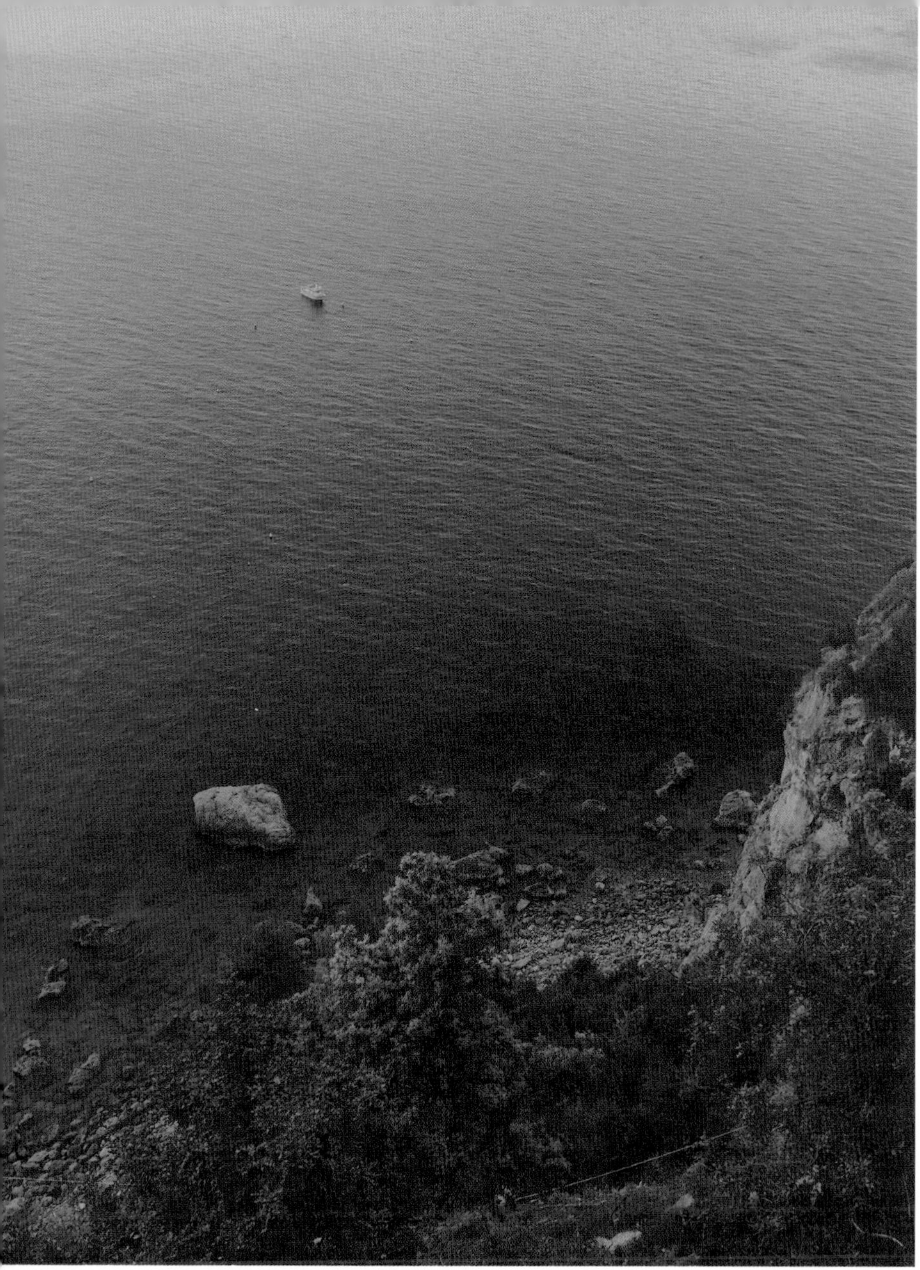

“人生永遠沒有準備好的時候，只有準備差不多了，然後上場。”

我覺得我很幸運，每在軟腳的時候都會碰上伯樂，攙扶著我上臺。雖然最後面對挑戰的是自己，但沒有他們，我可能走不了最後那幾步路。

經紀人也說過，「很多時候你以為你不行，其實是對自己太溫柔了。」這句話我一直放心裡，在每次想退縮的時候都會拿出來溫習，冷靜思考是感性作祟想逃跑，還是理性認為自己真的不行。

如果你沒有伯樂來告訴你這些，也希望你能牢記在心，很多時候你比自己想像的更厲害。

Q：慧川！慧川！你是怎麼克服舞臺恐懼的？

A：我從來沒有克服過我的舞臺恐懼，每次上臺前還是一樣腳軟到需要吃阿鈣。我覺得容易緊張的人，上臺前真的要把資料先看熟，切忌臨場發揮。上臺之後的緊張感，大多來自聽講人的臉，找一個你看得順眼的人，時不時看向他。當然，我也試過把臺下的人想像成西瓜這種方法，但想像力不夠好很吃力。所以記得找幾個沒人的角落，或者座位之間的空隙來投放你的目光，會比較自然。不要盯天花板或地上，通常只要撐過前面五到十分鐘，就會放鬆下來了。

關於時間：

時間證明，成人的約定是場賭局

有時，大人脫口而出的時間，
不是一個精準的概念，
是一個善意的謊言。

第一次學到「時間」的概念是什麼時候？大概是小學吧。那時候以為時間是一個很精準的東西，幫助掌握生活的工具。但成長過程中和人交往的經歷，讓我學會了：

> **成人的時間概念是模糊的，是一種委婉、一種禮貌、一種體面，**

必須懂得解讀。否則按照小學時學的時間概念，會發現自己天天被騙，愚人節每天都過。有些人在你的生命中來來去去，教會了你一些事，這就是長大。

在成人的腦袋裡，除了面試、訂餐廳、牙醫門診之類要是不精準拿捏，會伴隨沉痛後果的情況下才會準時之外，其餘無傷大雅的場合，大都是很粗略地切割。一小時六十分鐘大概可以粗分成五分鐘、十分鐘、十五分鐘、半小時，這幾個時間長度最常被隨口說出，像膝反射一樣自然，也最需要用社會經驗、對於對方的了解等去判斷背後的意思，無法從字面上解讀。相反的，這些時間以外的時間是可信的，如一分鐘、三分鐘、十八分鐘、四十一分鐘等等。

而在做基本解讀時，還要考慮到對方用的是「內」還是「後」，前者是可信的，例如「五分鐘內」，懂得用「內」的人有基本時間觀念，應該好好珍惜，不要隨便放手。但如果是後者，就要意識到這可能是一個人的時間概念。再來，可以從「多久後出門」以及「多久後到」這兩個語境去做一般性的判讀：

關於「多久後出門？」

五分鐘後出門：

已經準備得差不多了，但還沒有收好包包、檢查妝髮、跟寵物說掰掰、檢查空調、關電視（關掉前還要把自己喜歡的頻道再瀏覽一次）、在鞋櫃前猶豫一陣。所以，大概八分鐘左右會出門。

十分鐘後出門：

準備已經完成八成，但是頭髮還沒抓或是口紅色號還沒確定、還沒定妝。還沒有收好包包、檢查妝髮、跟寵物說掰掰、檢查空調、關電視（關掉前還要把自己喜歡的頻道再瀏覽一次）、在鞋櫃前猶豫一陣。於是，大概二十分鐘左右會出門。

十五分鐘後出門：

基本上只換好衣服而已，還需要半小時。

三十分鐘後出門：

他還沒起床，被你的訊息或電話聲驚醒，只是不想讓你生氣，同時高估了自己的準備速度，情急之下脫手打出三十分鐘後出門。再給他四十五分鐘到一小時才能滾出門。

一小時（或以上）後出門：

請建議他不要出門了。

關於在同縣市、大眾運輸一小時之內可到達距離下的「多久會到？」

五分鐘後到：

他剛出捷運站、剛下公車或正在迷路中，不管怎樣，他已經很靠近你了，再等他十分鐘。

十分鐘後到：

在半路上。通常十分鐘後到的意思是十分鐘後他會離開交通工具。因為下了交通工具後會給人一種已經到了的錯覺，所以你必須加上對方步行的時間，大概加三到五分鐘不等。

十五分鐘後到：

他還在汽車、捷運、公車上，總之還在移動中，從另外一個YouTube、追劇或聊天視窗跳過來。如果相約地點對他來說是陌生的，他其實不知道還需要多久，也有可能自己在哪都不知道，反正十五分鐘聽起來在合理範圍。如果相約地點對他不陌生，距離下車點大概還有兩個捷運站的距離。

三十分鐘後到：

他才剛出門，一小時內會到，然後見面第一句話可能是：「天啊，今天什麼日子，路上也太塞了吧！」

一小時後到：

這句話沒有任何意義，只說明了他會來，還不如換個浪漫一點的方式說，例如：「我在月亮上升到天空四十五度角時會出現」，或是「在夕陽親吻你右前方的山頭時我會抵達」。

在路上了：

不說時間，直接說在路上，其實才剛關上家裡大門或根本還在家裡。尤其如果對方是太陽雙子、上升風象，根本還沒出發的機率可以往上加五成。

> 成人的世界，大半的時間都在追逐時間，所以在放鬆時只想放逐時間。

就別怪我們這些大人對時間漫不經心了。不過，也別把這樣的行為當成習慣，偶爾為之是情趣，久了可會消耗彼此的情感。最後，讀完這篇希望你下次脫口說「大概再十五分鐘後出門」前，能想想你要當哪一種大人。

Q：慧川！慧川！我朋友真的很愛遲到怎麼辦？

A：好的，這位朋友先冷靜。有個愛遲到的朋友真的很傷腦筋，首先，建議你還是得先聽聽他為什麼遲到。他的說法還是很重要的，千萬不要當個是非不分、不明究理的人。就像剪頭髮的時候，每每設計師還沒剪完頭髮，我都很想對他發脾氣，覺得他要把我剪成哪個諧星，但只是因為他還沒完成，剪完之後果然就順眼多了。對待朋友也是，先聽聽他的說法，別急著發飆。

如果後來發現他真的是個把你剪成諧星的設計師，就是慣性遲到的人怎麼辦？那麼我會建議你，每次有局時站在人道立場還是約他，但就把他當作一個來不來都沒差的人，不需要和他約在哪裡集合，直接約在見面點；活動或飯局也直接開始，不必等他。如果是飯局，就等他人到了再請店家幫他準備碗筷或椅子，說：「喔喔不好意思，我們以為你不來了。」幾次之後，他應該會反省改進。如果他還是老樣子，那你就以約他但當作不會來的模式處理，是不是簡單輕鬆多了？

關於對話：

聊天是大人式的發洩、撒嬌與治療

長大了你還是可以
對自己、朋友甚至宇宙撒撒嬌，
但面對關乎自己的決定時，
就該硬起來。

成人的生活沒有「容易」或「萬事如意」，因此難免會間歇性地被擊倒，一段時間站不起來。這時想找個有溫度的肉體訴訴苦、抱怨一下在所難免，不是只有小孩需要撒嬌，吐苦水也是成人式的撒嬌，一種必要且健康的宣洩。

作為聆聽者其實不容易，這展現了傾訴者對你的信任，願意把傷口給你看，就像貓願意在你面前把肚子翻出來一樣。傾訴者需要安慰，但很多人不知道怎麼安慰，導致對方根本不曉得怎麼好好和你聊他的煩惱，像以下幾種狀況：

「你這算什麼？我的情況比你慘」

看過周星馳的電影《唐伯虎點秋香》中，他扮成乞丐和一群人爭著進華府那段嗎？大家都在比誰的身世慘，最慘的才可以進華府親近秋香。安慰人不是比慘大賽，人家故事說完，你告訴他其實我有比你慘的經歷，所以對方應該反過來安慰你嗎？哈囉？你可以說「其實我有過類似的經驗」（如果有的話），接著再說當時怎麼走過的會好很多。最爛的安慰就是：「你這不算什麼，我比你慘。」

「我分析給你聽」

遇到分析師，話都還沒說完他就開始長篇大論人生道理，只差沒有把你的故事以圖表呈現。

說教式安慰

「你就是這樣！」「你怎麼不這樣就好了呢？」「會有這種煩惱的人就是不知足！」如果你很容易說出這些話，拜託就不要說。除非你很了解你的朋友以及整件事的來龍去脈，否則不要輕易說教。

金句富翁

「活著不是靠淚水搏取同情，是靠汗水贏得掌聲！」朋友低潮的時候，你一個勁的正能量或噴金句，只會讓人覺得你腦袋有問題，以及你有在認真生活嗎？

長大之後會發現很多人連怎麼聽話都不會，兩性權威（？）雜誌《柯夢波丹》說：「男人最性感的器官是耳朵。」其實不管男女都是。懂的聆聽是一件很有高度的事情，首先態度要誠懇，怎麼誠懇？就是要認真聽人家的故事，有沒有認真，眼神和肢體騙不了人。聽人把話說完，不要插嘴。

”成人的聊天，很多時候要的是情緒的共振，對方需要覺得自己被理解了。“

適時給一點反應，「蛤？怎麼會這樣？」「你還好嗎？」「你現在應該覺得怎樣怎樣吧？」都比前面的回應好很多。給建議的方式最好是分享過往經驗，不要一副我教你怎麼做，或是你應該怎樣。

當然，身為抱怨者也要有一定的修養，不要濫用弱者的身分。像是一件事情不要抱怨三十分鐘以上，聆聽者的專注力會下降，會開始想別的事情、想家之類。如果對方已經在忍哈欠，你最好有點眼力。同一件事情不要抱怨超過兩次，除非有新的進展，更新抱怨的長度也要做好時間控制，除非聆聽者聽得津津有味。

生活不易，每個人都有自己困難的地方，抱怨、訴苦、撒嬌都是很正常的。但不要期待別人一定會給你溫暖又醍醐灌頂的建議；通常溫暖只是短暫的呼呼，醍醐灌頂前你可能要扛得住冷酷的巴掌。而懂得聽人說話，也是成年人該有的社交與溝通技能。

相反的，如前面所說，人都會有煩惱，你可以聊、可以討論、可以分享，但不要把決定丟給別人。以我自己來說，身為一個有點想法的網路人氣帳號經營者（？），很容易吸引廣大網友投書發問。信箱成為大家發問的場所或許願池，這點沒什麼問題，有問題大家一起討論、交換想法是很健康的成人交流。我很感謝這麼多人願意把他們的肚子翻給我看。

但不可避免的，很快就出現求神問卜型的網友，把我當成靈驗的土地公或媽祖，他們想要一個很明確的答案，讓我替他們做決定。起初我會很感情用事地和他們一起苦惱，真的想為他們做決定。在我粉專幾千人時碰過一位粉絲，她已經很確定男友出軌了，問我應該怎麼辦，要不要分手。

這問題大到我不知道該從哪裡回答。首先，我根本不認識他們，不了解他們的交往歷史及狀況，也不知道他們的星座，我也懶得問。要搞清楚這一切，我必須約他們出來喝一杯咖啡。但，那時仍憨直的我，還是一頭熱地認真回應她每一個心情訊息，甚至最後她去抓姦我還陪她連線。（到底有多憨直？）

不過，她在最後和男友、小三對峙後，還是決定原諒，不管我當時給的建議是什麼。她說，他們之間的相處也有很多自己要改進的地方，不能全怪男友等之類的後話。所以再次證明了，這種事旁人都不能替她決定，更別說是我這位連面都沒見過的陌生人。從那次之後，我也深刻反省了幾分鐘，我應該對別人的生活投入這麼多嗎？甚至還想插手別人的決定？

當然這種問題不會只有一次，我還碰過各式各樣看起來像需要擲筊才能解決的問題，這些都是很清楚的是非題，但都很難回答。「我該跟這個人分手嗎？」「我工作如何如何……」「我應該辭職嗎？」其實問題的核心是，這問題應該由我來回答你嗎？我看起來像你的祖先顯靈或你家巷口的乩童嗎？

如果你的決定不是午餐吃什麼、情人節禮物送什麼、iPhone 該買什麼顏色這類，而是對你的人生、感情、職涯有重大影響的決定，你可以多方搜集意見、比較優劣，最後請自己下決定。

如果你聽了我的建議，事後後悔、失敗了，那你應該怪誰？怪自己為什麼沒有堅定意志，還是怪我這麼輕率地給意見？所以，請學會為自己做決定，並為自己的決定負責。並且，不管結果好壞都要有接受並承受的心理素質。

Q：慧川！慧川！如果我碰到一抱怨就停不了，又不能呼他巴掌的人怎麼辦？

A：如果碰到苦水話癆，你又不好意思打斷時怎麼辦？可以視環境而定，假如是在工作場合，可以創造一個讓自己忙到停不下來的場景。譬如在茶水間，你可以一下倒水、一下裝水、喝水、假裝嗆到、跟別的同事打招呼，去影印、假裝卡紙、假裝想起有會議或是老闆交代事項還沒做，這樣抱怨的人就會很難繼續。如果是在兩人面對面坐下來的環境怎麼辦？你可以試著讓他分心，碰倒水杯、踢到桌子、不停咳嗽、放屁。如果剛吃完東西，你可以說他牙齒卡到菜、牙齒沾到口紅、脖子髒髒的，有羞恥心的人應該都會停下來查看，然後再說不好意思我看錯了。這樣就有喘口氣的機會，然後再找別的話題聊，或是假裝有事先離開。

關於老鳥：
即便是社畜，也要當又萌又有底線的社畜

職場的犧牲或妥協都是必須的，但千萬不要輕易擦掉你的底線。

那是某個夏日的午後，太陽毒辣，路上充滿急忙趕回公司的上班族，免費的空調大大提升了他們對公司的向心力和歸屬感。

百貨入口的轉角處有塊許多植栽圍起來的區域，裡頭煙霧繚繞，那是上班族在這樣的氣溫下唯一願意待的地方。在那一方天地裡，他們盡情吞雲吐霧，也吐掉工作上的烏煙瘴氣。

兩位女性一前一後走進這團迷霧，都梳著乾淨的包頭，制服俐落又俏麗。走在前的女子叫 Yvonne，目測年齡大概三十有五，妝容精緻大膽，眼皮上的水藍色眼影讓人如膝反射般聯想到多年前紅極一時的許純美，但 Yvonne 的水藍眼影質感好上許多。走在後面的女子頭低低的，應該比 Yvonne 小一輪，怯生生的，一身菜味。

「學姊，突然找我出來有什麼事嗎？」

Yvonne 低頭抽出一隻彎彎的壓克力髮夾，桃紅色，寶雅有賣，三入三十九元（沒有業配）。接著從腰包拿出一包湖水綠寶亨涼菸，用髮夾夾著香菸、點火，那種流暢感就像飲料店店員或是銀行櫃員那樣，因為熟稔工作流程，自然流露出如子彈上膛的帥氣。

「我說，妳來多久了？」

「快要三個月了。」

「喔，我最不喜歡擺什麼學姊姿態，但是喔，我覺得有些事還是要教一下。因為大家吼，都是為了櫃上好啦。妳懂吼？」

「嗯嗯……」

「妳剛剛幫那個客人化妝的時候，聽不出來我在叫妳趕快結束嗎？」

「（想了一下）喔！可是我剛剛只幫她化完半張臉……」

「那就讓她化一半啊，她最後有買嗎？沒有啊，還說要再想想，這種每天靠櫃不買的客人我見多了，妳每個都這樣，我們怎麼做業績？

「還有啊，妳來了這麼久吼，我看妳的妝好像還是化不太好欸，妳這樣給老師驗收會過嗎？」

「但小美說我這樣沒什麼問題……」

「小美？小美懂什麼，妳看她妝化成那樣。我在這個牌子吼，很久了啦，誰可以做得久、誰做不久我都看得出來啦！妳知道嗎？這個櫃的業績幾乎都我在撐，妳以為是誰？」

Yvonne 指了一下自己的嘴唇，「看到沒有，這個色號 365 賣最好，妳知道為什麼嗎？」

「好像因為那個女明星搽過……」

「什麼女明星，客人到櫃上來都問我搽的是哪個色號好嗎？嘖。」Yvonne 把髮夾上的菸湊到嘴邊，急促地吸吐了幾口。

「妳以前不是站化妝品的吼？」

「不是，以前站過寢具。」

「喔，那妳要不要考慮回去站寢具啊？我覺得化妝品可能跟妳不太搭，寢具比較悠閒啦，我聽說那些貴婦買寢具也是不手軟。化妝品吼，比較需要一些學問啦。」

「我等明天老師驗收後再看看好了，因為我還是比較喜歡化妝品。」

「是喔。對啦，我不是叫妳走，只是這行我待很久了啦，我比較會看啦，給妳一點建議。啊妳也不用太在意，明天考試加油吼。外面實在有夠熱，快點回去了。」

出了社會有太多這樣的老司機，會以過來人身分告訴你許多事情，有時是希望把你變成跟他們一樣的人，有時是希望把你弄走，少個同事，少個敵人。有天真的朋友問過我：「大家都是同事，也不是別的部門，有什麼好競爭的？」

願上帝保佑他的天真。人心多複雜，「同事」這種東西就可以多複雜，你想著大家都是為了團隊，其他人是想著如何上位。否則宮廷劇都可以不必拍了，反正大家都是為了皇家和樂安寧，幫皇帝生孩子，應該一團和氣才對，哪裡需要那些麝香、砒霜，後花園裡丟貓放狗的手段？

> 我們不需要變成老司機，但必須提防他們的存在，除了保護自己，更重要的是保護自己的三觀。

待過媒體，體會最多的就是必須接受自己的三觀分分秒秒都在接受挑戰。以前在新聞媒體時，很幸運我是負責翻譯外電的工作，不需要處理社會或政治的新聞。

時常看見同事或同業很多時候要先把自己的良心放到抽屜裡，寫立場偏頗的報導、嗜血或獵巫的文章來衝流量和點擊，聽朋友轉述過主管的話：「就算被罵，只要流量好就沒問題了！」直到有次報導了一起事件，引起的社會輿論過大，整個團隊被處分，朋友也才憤而離職。

我只想說，工作是人生中很重要的一環，但你不會因為順著老鳥或老闆的「教導」，昧著良心致富，即使短暫致富也會帶來不良後果，只會成為一個苟延殘喘的社畜。永遠相信報應的存在，因為在職場混了十年的我，所見所聞還真的不能叫人不信。

Q：慧川！慧川！職場有老鳥老是針對我怎麼辦？

A：首先，你要搞清楚他的針對是不是有理由，是不是你的工作態度出了問題、以一副我是新潮Z世代的姿態去上班，處處衝撞老鳥，傷了他的心。如果都不是，那麼他很有可能是因為感受到你的威脅，或是對於新人自動產生心理防禦機制。

其實這樣的人最好搞定，他就像《甄嬛傳》裡的華妃，是性情中人。（因為真的心機重的人才不會表現出討厭你！）你只要讓他覺得你是站在他這邊的就行了，沒事獻個小殷勤、幫他跑跑腿、和他撒個嬌（？），過一陣子他一定會覺得你沒那麼討厭。當然，如果你的身段很硬，覺得自己做不到這些，那要嘛你走，要嘛你把他鬥走，換你讓他生不如死。但人生要不要這麼辛苦？

關於距離：

網路的世界裡，我們不是朋友

我們沒有經歷過爭吵，
沒有牽手走過很遠的路，
也沒有在大雨中等待過彼此。
所以，你給我好好說話。

我常想，我們這樣的人，對社群平臺上的你來說是什麼樣的角色？我有一個作家身分，所以你可以算是讀者；我和品牌合作，和你的關係有時像櫃哥和顧客；我分享自己的生活，這時的我有點像演員，很多時候是喜劇的那種。

現在是網路時代，所以很多時候，不是我們願不願意，是在這樣的時代裡只要你用手機、電腦、網路，就必須面對這樣的社交關係。除非你不上網、只玩接龍遊戲。尤其像我這樣靠網路工作，餬口飯吃的人，主要工作就是必須和螢幕另一端的人互動。大部分的時候，我很滿足於這樣的工作型態，非常多變、充滿驚喜。

不過，我和網路上這些人的關係，也變得有點微妙。

不得不說，在網路上的我是另一個人格，比較多話、愛管閒事、愛分享。久而久之，我和另外一群人建立了一種關係，有人會把這群人叫做粉絲、讀者，甚至有些人根本什麼都不是，只是閒著無聊路過圍觀。

那會是朋友嗎？朋友是一種透過真實互動建立起的真實連結，必須一起經歷過某些事情、階段，才能搭建起的關係。因為特別、也因為了解，很多事可以被體諒、被理解、被放過。所以跟朋友相處起來很舒服，不用瞻前顧後，不用考慮禮貌，可以放肆、粗魯。因此，在網路這種前提下產生連結的我們，怎樣都不會是朋友的關係。

有次我分享拔智齒後的糗樣獲得很大迴響，我不介意自己被笑是摘瘤爺爺、麵包超人，因為我分享代表我不在意，把大家逗開心我也很快樂。這也是為什麼我會說分享生活的我像喜劇演員。

但隔天早上有個訊息讓我有點不舒服。讀者先驚嘆了我的臉怎麼這麼腫，是不是肉毒打壞了。我告訴他是拔智齒。他說他有看前面的動態，接著繼續問：「拔智齒只是藉口吧？」我回：「我覺得你滿沒禮貌的。」他才趕忙道歉。這讓我了解到，原來自己還是有界線的。

打開訊息的第一個動作，我確認是不是來自某位朋友，因為這則訊息帶有的嘲笑、粗暴、武斷都讓我不太舒服，特別是當下我還因為牙齦腫痛不太舒服，以及可能因為飲食改變，導致整天沒有好好排便，所以確認過不是朋友後，失蹤的便

意就轉為殺意。

還有一次，我發了一則眼鏡的業配，覺得自己戴上眼鏡還算好看，粉絲讀者們也很捧場地給了許多好評，在這裡祝各位好人一生平安。不過有位讀者留了一句：「我覺得你還是把墨鏡戴上好了。」看到這句話我並沒有爆炸，只是很平靜地把他的留言隱藏了，因為畢竟是篇業配，我不希望廠商看到這種沒營養的評論，以及，我相信這樣的一句話其實應該有更禮貌的說法。像是「我覺得你戴墨鏡更好看。」「川是為了墨鏡而生！」「川根本上輩子是墨鏡！」See，有很多說法讓你成為一個有禮貌的人，但你偏偏選自殺式的說法，這就是個人的修養問題。

有看過周星馳的《喜劇之王》嗎？戲裡張柏芝扮演舞小姐，她教另一位小姐要是覺得客人不好看，就看他好看的地方，眼睛不好看就看鼻子，鼻子不行就牙齒，牙齒不行就看耳朵，總有一個地方能看的。（雖然最後客人所有地方都不能看，她最後還看吐了？）平日遇到相似的情況也是。

> 在成人的世界裡，挖苦、嘲笑沒有意義，只會結惡緣。沒事多誇人，如果真的沒地方能誇就閉嘴。

懂嗎？除非你和這人有什麼深仇大恨，非要看他難過不幸，那又是另一回事了。

回到剛剛的話題，網路之所以可怕，是它能讓人與人的距離縮得很短。譬如，我寫合作文時最常看到的留言訊息就是「$？」「多少錢？」沒有「請問」，也沒有「不好意思」。還有一個令我印象深刻的，有人在一篇過期很久的抽獎文下留言：「開獎日期is？」沒看文章就算了，還胡亂中英文交雜，但我還是忍住回他「You是一顆大貢丸」的衝動。

儘管社群媒體讓我們看起來好像很親近，近得像朋友，但終究不是。所以在我發表的事情上討論、分享或適合的發問都可以。什麼叫適合的問題，簡單說，所有私生活的問題都是不OK的。想想你會不會問某位名人有沒有整型，哈囉？你可以問他是怎麼保養的。問櫃哥一個月賺多少？你可以問他公司待遇是不是很不錯。

以上問題如果對方想說，你問的方式又不討厭，也許他就會告訴你。他不願告訴你就是不想說，如果你還問得很爛就是欠罵。

為什麼不想回答？有時候是很難解釋、懶得解釋、難為情解釋。譬如，有兩個網紅以前曾經很好，活動形影不離，但後來不再同框，你跑去問其中一人，「你們怎麼都沒合照了，吵架啦？」關你什麼事？也許他們真的吵架，也許一人的生活變了導致很少碰到，也許就是一般成年人無原因的漸行漸遠，難道也要把其中原委告訴你？如果是我，我不樂意。我懶，也覺得關你屁事。

網路上的我可能會讓你有種感覺很近的錯覺，或是覺得反正這輩子不會碰到面，但不要忘記，這些網路頭像的背後還是活生生的人，每一段關係都有一個合適的相處方式。對我來說，網路上的人不會是我的朋友。我看不到你，無法辨識你的表情，我們沒有相處過的經驗，我們也沒有感情基礎讓我去放過你的尖銳。

所以，我們不能像朋友那樣相處。Never。

慧川的課後相談室

Q：慧川！慧川！有個我追蹤很久的網紅，她好像發胖了我該怎麼跟她說？

A：基本上你有兩個選擇，一個是不要說，一個是假裝沒看到。在網路上，如果你沒好話說就不要說，以他不是你朋友的原則，你不需要告訴他變胖了、這樣穿不好看、照片拍得不好看。現實世界的他們，可能自己會注意到，可能正為這件事苦惱，如果他也根本不覺得如此，那你也只是淪為雞婆。所以在網路上，如果不是誇獎就不要說話。

PART 2

成熟大人必須擁有的好東西

手段、心機和危機意識

關於外表：

顏值也是一種硬實力

長得好看比較容易受到生活溫柔的對待，
連抵抗力都比較好，
「顏值就是正義」
是你必須接受的真理。

臉長得好不好看重要嗎？很多人心裡可能會持正面答案。但礙於「內在美勝過一切」，在政治正確的普世價值如此風行的社會下，加上外在多半是天生條件，這樣令人無奈和無力的現實，讓我們習慣對天生擁有的東西嗤之以鼻，認為那是不勞而獲的，所以輕蔑地給出反對的答案。但我很難否認，在我們生活的世界裡，顏值很多時候就是正義，真的。

我看過 Netflix 一個實境節目叫《100 humans 百樣人生》，這是一個針對人性各種成見、偏見或迷思，施以趣味實驗加以驗證的節目，娛樂性十足，科學性有待商榷，但不難看出各種人性。其中有個實驗就是要測試人對於長得好看的人，是否有先入為主的態度。

他們找來不同年齡、背景的素人，將他們分為兩組，請他們扮演陪審團。團隊設計了幾組模擬犯人，每一組都有兩個罪犯，一個長得好看、一個則長得較為猙獰，符合一般大眾對罪犯的刻板印象。實驗發現，同樣的罪行，陪審團真的會對顏值高的從輕量刑，而對長得抱歉的人給予較重的刑罰。

問他們理由時，陪審團會各種腦補顏值高犯人的犯罪動機。例如有設計情節是一名犯下過失殺人的母親，她把小孩留在車上，造成孩子死亡。結果，陪審團給長相普通的母親評語是：「這是一個很嚴重的罪！」「這種人應該要關很久！」而貌美的母親呢？「我想她這輩子都不會原諒自己。」「她的自責本身就比刑期還痛苦了。」前者獲判三十三年，後者十七年。同一種罪，長得好看的人可以獲得更多同情、更容易被理解，犯罪都可以少吃幾年牢飯。不知道你記不記得二〇一四年美國有個最帥男囚犯，照片被公布時造成轟動，出獄還被模特兒公司簽下，最後跟富家千金結婚生子。長得帥的更生人，出獄還飛黃騰達！

不只如此，在新冠肺炎肆虐全球的時候，芬蘭有研究還說，男性長相俊俏、身材越完美，代表體內的「睪丸激素」水準較高，所以免疫力較好，比較不容易感染肺炎。老天，長得好看的人，身體還比較好！

長大之後，你會發現，我們從小到大養成的價值觀或對這世界的認知，會不斷調整甚至瓦解。

"過去大人們都拿著寓言故事告訴你，外在美不重要，內在美才是最要緊、最珍貴的；然後你發現，現實世界告訴你，顏值高這件事有多重要。"

因為，這個世界對長得好看的人比較溫柔，習慣對長得好看的人做出正面的評價，顏值就是正義從來就不是隨便說說。

而且大人的世界充滿矛盾，你仔細回想生活中各種評價他人的場合，包括說同事壞話、評斷閨蜜的男友、面對陌生人的請求時：「那個人長得獐頭鼠目一看就不是好東西。」「他工作超沒效率的、又懶，看他這麼胖就知道了。」「他長得就是一副會劈腿的樣子！」我們很容易在攻擊一個人的時候，順便連他的外表一起罵，這是一個包套行程。

那如果碰到好看的人呢？「哎呦，看不出來他是這種人。」「看他一表人才怎麼心思這麼惡毒。」就連新聞裡也可以看到這種偏見，「長相清秀的男子居然是跟蹤狂」「長腿正妹喝貢丸湯不付錢」（我舉個例子而已，請不要真的去查，因為你會查到更多可怕的新聞），這樣的標題是什麼意思？長得帥就不會是變態嗎？長腿正妹就不會吃霸王餐嗎？

職場更是如此。我的韓國朋友說他們的求職新鮮人，畢業後一定會去拍特殊證件照，那些證件照簡直鬼斧神工，可以精算出臉的黃金比例，拍出來的照片有整容級的效果，但又不至於六親不認。因為長得好看可以大大提升他們得到面試的機率。

臺灣的職場雖然沒這麼誇張，但也不難發現，長得好看的人就是容易被賞識，犯過的錯容易被忽略，如果同樣請病假，也更容易得到憐惜。我們長大後看到的世界，外在美不重要的價值觀徹底被毀滅，內在美變成我們對長相普通的安慰性讚美：「你長得醜，但你懂很多、很愛國、很守法啊！」誰要這種安慰獎！

我想說的是，外在美並沒有想像中的不重要，相反的，它是人生順遂很大的助力。可是，如果想單靠外表也是不可能的，沒有足夠的腦袋或內核來輔助，遲早會被丟棄，再美的鮮花也會變成垃圾。你擁有一時迷惑人心的魅力，但別人也遲早會清醒。剛剛說的最帥囚犯，據報導與富家千金已經分開，豪門夢碎。

對於外在條件普通的人，我只想說不要放棄對外在的追求，「老佛爺」卡爾．拉格斐也說過：

> **有體面的外表才能讓別人對你的靈魂感興趣。**

喜歡讓自己好看不是丟臉的事。而變好看有很多種方式，你可以整型、運動、吃健康的東西、穿好衣服。

有許多人對整型存疑，但我不懂這個社會為什麼還是對整型有負面的印象，彷彿不是天生好看就是一種罪。我要說，整型也是一種苦過來的例子，而且花錢讓自己好看天經地義，就跟花錢去運動、買好食物為了讓自己變好看一樣。電視上的明星，我對他們整型一點意見都沒有，讓我不高興的是，明明整得如此明顯，還要硬掰是化妝，或經由什麼「自然」療法才有所改變。

外在和內在都是應該不斷美化的東西，都是你行走社會的硬實力，偏廢了哪一種，吃了虧都得自己承擔。

"不要輕視顏值高的人，
因為空有內在的人也沒多了不起。"

Q：慧川！慧川！那我們要怎麼評價一個人呢？

A：我們要描述一個人、給予評價，可能是為了抱怨，或公司評量等。評價人時請避免情緒性字眼，因為這會讓你顯得很不客觀。不客觀的評論很幼稚、也讓人不耐煩，覺得你的言論純粹是抱怨，沒有參考價值。

所以，在評價之前要把焦點拉回事情上。臉會混亂我們對事情的判斷，這也是為什麼拍穿搭的時候要把頭切掉的原因（嗯？），評價一個人的時候也要先暫時忘記他的長相。

如果你除了長相，或是其他人身攻擊的話以外，其他什麼都講不出來，代表你的言論充滿成見，建議你就閉嘴吧。

關於心計：
心有城府，依然天真

你不必時時刻刻算計別人，
但必須懂得如何看穿狡詐。

這篇我想說說成人該有的特質，又或者說是技能，但常被社會認為是不好及負面的形容詞：狡猾。長大之後，我常常覺得許多人對於善良、天真的評價太高了。連續劇裡的主角憑著善良天性處事，一路過關斬將，最後 Happy Ending 的情節，在現實世界裡太少見了。

不過我覺得拍戲的人也發現這套邏輯實在太理想，太虛無縹緲，所以終於把力氣投放到「宮鬥劇」，結果大受歡迎，背後的原因就是：這才是現實。不管是甄嬛、如懿還是《延禧攻略》裡的魏瓔珞，都告訴我們這個社會上容不下小白兔。如果只想當善良小白，除非你有很好的運氣，否則注定辛苦。而宮廷就是社會的縮影，表面上文明優雅，但裡面隱藏了多少心機和算計。

現實世界永遠不會像劇裡那樣兇惡，因為你不用靠生兒子上位、不用爭奪名分，而且現實裡你也買不到砒霜或鶴頂紅（如果誰知道哪間中藥行有賣，麻煩跟我說一聲）。但，人與人之間的權力攻防、明槍暗箭絕不會少，如果要日子好過一點，一定的狡猾絕對要有。

我覺得：

> 一個人是否已經長大或社會化，
> 有沒有「城府」是很重要的標誌。
> 一味的單純、直率，相形之下很幼稚廉價，
> 而且可能給你帶來麻煩。

我有個朋友被挖角進一家外商公司工作，她年輕、工作能力又好，很快就深受主管賞識，常和主管一起經手大小案子，還以新人之姿跟著主管參加各種管理階層的會議，根本就是部門裡的明日之星。她也在每個案子上力求表現，為了達到、甚至超越主管期待，常常加班。

直到有次企畫，主管把一份資料丟給我朋友，請她做最後修飾後發給上級，於是朋友照辦。但不久，她接到公司大老闆的電話。老闆在電話裡問：「妳覺得這

份企畫怎樣？」她說：「這份企畫是比較保守些，應該有再進步的空間……」

「好，那不必經過妳主管，交給妳全權修改，再做一份給我。」老闆說完就把電話掛了。

朋友拚命重做了一份企畫，老闆看了龍心大悅，不斷稱讚她品味好、能力傑出。看到這裡如果你有點「城府」，應該知道發生什麼事了。朋友的主管態度開始變得很奇怪，兩人之間多了緊張感。主管常對她不耐煩，開始用各種理由把她從重要的決策會議支開。

職場是個充滿利益的地方，到了新公司展露自己的長才當然是好事，不過如果風頭太健，便會讓主管備受威脅，這便是宮鬥劇裡說的「功高震主」。這樣的人往往還來不及走到權力核心，就先被踢走或害死了。

聰明如我朋友，很快就發現自己失策並立刻修正補救。之後的案子，大老闆雖然開始注意到朋友，會特意詢問她的意見或請她執行，但她卻故意示弱，「不好意思，老闆，這方面我比較沒經驗，可能還是需要問問XXX的建議。」「這次的企畫多虧有XXX的幫忙和指導，我才有辦法完成。」開始這麼做之後，果然主管和她之間的關係就變好了。

或許你說，「我就是能力好又怎麼了？」對啊，你能力好可以無視所有人，他們嫉不嫉妒都不關你的事。但是，如果讓位置比你高的人忌憚，一點好處也沒有。就像宮鬥劇中，朝廷上位高權重、派系強大，還擁有兵權的重臣，絕對是皇帝第一個想除掉的人。

有句話說，天空只有一個太陽，永遠不要遮住太陽的光，而是要烘托它。除非你的上司是一顆正在墜落的星，那就盡情踐踏吧。（開玩笑的！）

職場如此，家庭也是，譬如婆媳關係也是需要攻防、心計的場域。就我所知嫁了還能和婆婆相處融洽的女人，都非常聰明，「城府」也深。她們知道不能在婆婆面前罵兒子，要不留痕跡地讓婆婆知道兒子的心還是向著媽媽的。家庭中的每件小事都是權力的競爭、拔河，有時要讓力、有時要裝傻，有時要借刀殺人。只懂硬碰硬或者乾脆避而不見，是最笨的處理方式，處理好關係，除了日子比較好

Osaka Metro
7

過，如果有家產以後也可以更順利繼承，不是很好嗎？（嗯？）

> 成人的世界水深火熱，不管你想不想，勢必要玩火；玩火得懂火性，和人交手也要懂人性。

有城府和狡猾是成熟大人應該有的特質。道理雖類似，但生活依舊不是宮鬥戲，不必拿著這兩個特質去害人。成熟大人最重要的，應該是知道如何保護自己，在碰到險惡的狀況時全身而退，畢竟世界上多得是帶著微笑害人的壞蛋。狡猾是一種競爭力，也是保護自己的手段。

稍微在時尚產業打滾過，也看過大企業的景象，我懂了人應該像個變色龍，認清人際關係的本質，該單純時單純，該懷有戒心時就關掉你的任性和天真。不害人也不要輕易被陷害，就像有句話說：「心有城府，依然天真。」

Q：慧川！慧川！我主管不知道為什麼生我的氣，怎麼辦？

A：如果你真的確定主管在生你的氣，建議先問什麼原因，道歉就對了。可以說：「不好意思，是不是我有什麼地方做錯了讓你不開心？如果有的話，我先道歉。」

道歉有兩個好處，一是搞清楚原因。正常情況下，如果對方生你的氣便會告訴你原因，如果不是因為你，他也會告訴你與你無關。再來是，這麼做其實讓你顯得更成熟，如果對方真的因為一些站不住腳的小事生氣，反而會讓他覺得不好意思。

關於化解：

懂得牽起敵人的手，你就多了贏的機會

不要輕易和人撕破臉，
也不要輕易樹敵，
你不知道他們未來有沒有利用價值。

出了社會之後最有感的事情之一莫過於：朋友變得難交了。對啊，以前那種單純的情誼越來越難遇見，充斥的盡是些包裝著世故的友善、裹著糖衣的禍心。可是你可以完全置身事外嗎？不好意思，很困難。

所有與人心牽扯的東西都簡單不起來，所以友情本身也很複雜。小時候我是很害羞的人，不懂得如何與人拉近距離。我以為交朋友，就是要隱藏個性、唯唯諾諾當無害的人，互相使用的語言也應該盡量溫和、不和人衝撞。如此沒有稜角、假情商高，應該會讓我成為萬人迷吧？事實不然，結果我變成朋友間的工具人，一個好好先生，但這樣的「好人」，反而讓人有距離感，不想和你深交。

然後我發現，真正的好友反而是喜歡互相貶損的，可以鬥嘴，可以叫對方難聽的外號。而且你有沒有發現，好朋友叫你越難聽的外號你越爽、越覺得好笑，同樣一句「MD貢丸」，想像一個是好友對你說，另一個是馬英九對你說，哪個比較令人生氣？人心是很反智的，不能以常理判斷，不是事事遷就、順從就可以得到人心，輕佻無禮也不一定會被討厭。不然，小時候我應該是萬人迷才對，不會落得工具人下場。

然而，如果理解人心的難易度能停在這邊也就好了，問題就在，長大之後，人心還越來越複雜。

”就算交到了朋友，勢必會發現對你好的不一定是真心知交，友情這條線越來越模糊，你也會感受到世界的冰冷。“

你往往會覺得自己很了解朋友，這也是很多人容易被蒙蔽的原因。但就像小時候的我一樣，人會掩飾自己的心思和個性，為了達成某種表面的和諧，沒事時相安無事，一旦有事或關係到利益時，這樣的偽裝便不堪一擊。

職場就是很好的試煉場，裡頭太多利益衝突了。你有沒有過這種經驗：本來一起加班、一起吃飯，以為建立了很好革命情感的同事，在升職關頭捅你一刀，對上司說「聽說她最近好像要生小孩了」「他最近常去醫院好像身體出問題」，然後機會就被革命同僚捧走了。

還有一種情況，我的某位親戚G，他有個交情不錯的「朋友」，在G失業之際找他到底下工作。一開始G很感謝這位朋友，但去了沒多久，G開始覺得他們的資歷差不多、能力也沒差多少，憑什麼自己要聽命於他，憑什麼不是自己坐在主管的位置。於是開始不合作、產生摩擦，最後兩人不歡而散。站在那位主管的位置來看，他應該能體會到在職場上，很多時候朋友還比不上敵人或是對手。「我以為我們是朋友」「我對你這麼好，你居然不知感恩」，這樣的落差感立刻就出來了。在利益面前，你的朋友常常不是你的朋友。

再來，你的敵人也未必是你的敵人。以前大家在學校都有分過組吧？小時候選組員都是二話不說選和自己親近的、感情好的，但這些有交情的同學，有時候是分組作業時的拐瓜劣棗。分組討論遲到、作業遲交、該發表意見時沒想法、上臺報告時站到最後面，完全只是來蹭學分的。

你明明知道有比他們更合適、更有能力的同學，但可能因為平時有些過節、互看不順眼而跳過他們，選擇「朋友」只是出於維持表面和諧或鄉愿。國中時，班上有兩位男同學，每次大考的前兩名都是他們兩個大風吹。但兩人有很明顯的瑜亮情結，上課搶著發問，互相針對，還曾經大打出手。一次，班上要推派人選參加科展，老師有意讓兩個人參賽，但他們死都不肯，寧願另組隊伍。

最後老師曉以大義，告訴他們團結的重要性，並拿出一把筷子（開玩笑的，那是另外一個故事）。反正老師說服兩個人一起出戰了。結果兩人拿下全國冠軍，成為我們那個鄉下的地方之光。但比賽結束後，兩人還是零互動。

我有個公關界的朋友，剛入行還是小公關時，常常需要媒體幫忙露出產品。那時他和業界的資深編輯聯繫，多半訊息都被忽略、電話總是未接，就算接了也被洗臉。後來他去了一家高端品牌工作，掌握了媒體的廣告預算，「那你可以出一口氣了，現在應該換他來拜託你了吧？」但朋友卻說，「我可以出氣，但我不會這麼做，那個人寫的文章流量好，我還是會好好利用他來幫我的產品做行銷。」

想想，如果他因為過去遭遇這位編輯的冷眼就打定主意封殺，站在利益的角度來看，不過是兩敗俱傷。但他懂得化敵為友，反而創造雙贏。

この階段は
なかもず方面のりばです
1

> 職場上，很難有永遠的朋友，甚至生命裡也是；
> 也沒有永遠的敵人，
> 懂得站在高一點的角度，
> 敵人很多時候反而是貴人。

朋友之間很難保持應有的界線和距離，一旦有了利益牽扯反而攪和不清、相愛相殺；還不如敵人之間互相知道對方要什麼，各取所需。

慧川的課後相談室

Q：慧川！慧川！要跟敵人低頭太難了吧！我做不到！

A：你先冷靜，這時候請你先問自己，你是不是把「敵人」和「對手」搞混了。有人告訴過我，敵人是不管什麼時候都和你作對的人，這種人可能你前世欠了他什麼，建議找個正派的老師幫你化解（純屬個人意見，參考就好）；但，對手的立場會隨著利益不同而轉變，大多時候我們碰到的都是後者，只要懂得和他們合作就能創造雙贏。

而且永遠不要隨便和人撕破臉，因為你真的不知道什麼時候會需要對方。我看過太多朋友和職場上的人鬧翻，不久需要對方的幫忙，但因為鬧翻所以機會沒了，這是職場的莫非定律。你不必和誰都當朋友，但不要輕易當敵人，維持表面的和平，日後才好相見。老話一句：「生活不易，全靠演技。」

關於惡意：有心機的「好人」，殺傷力更大

被攻擊時，
除了唇槍舌劍的正面反擊，
其實裝好人才能一石二鳥。

每個人從出生開始，注定逃不過這世界的惡意。有人愛你，就有人討厭你。小時候你被欺負了，一般的爸媽會說要趕快告訴老師；激進一點的父母會說，誰欺負你就反擊回去，絕對不要吃虧！這方法可能可以勉強應付學校生活，但來到社會打滾之後，你知道事情沒這麼容易。

假如你一生都抱著無為的態度，安靜做一個職場、生活上的邊緣人，把透明度拉到最高，那麼這篇你也許不太需要看，可以直接跳到下一章節沒關係，反正你已經買了書，十分感謝。如果你是有競爭力、表現亮眼，甚至有點地位的人，我恭喜卻也要告訴你，你一生注定暴露在惡意和攻擊之中，沒有一點心機你會很辛苦（撫摸法令紋）。

說個在網路世界的情況，現在誰不用社交網路呢？在社群的世界，每個人都很容易被檢視、評論，尤其像我們這種在網路上有點聲量、有許多人關注的人。我有個網紅好友，就不說是誰了，她長得並不是普羅大眾公認的美，但她用出色的文采和品味贏得許多人喜愛，也是高端品牌的寵兒，但時常成為某群人惡意批評的靶子。她被攻擊過長相，看到時我會替她生氣，因為攻擊別人的長相是最低級的手段，因為長相是無法選擇的事情。年少的我遇到這種事，可能會說一定要罵回去，且要指著他們的鼻子罵，讓他們知道自己有多惡劣！

可是她沒這麼做，她冷靜地回應那位網友，她也曾經自卑，也很不喜歡自己的長相，但是她沒有選擇整型。因為到國外留學後，不停地被老外誇長得美，才發現長得美不美是很主觀的。臺灣民眾熱愛的審美觀／標準，在國外看起來反而很怪。所以她找回自信，接受自己的外型，然後在品味和腦袋上下工夫，成為現在她自認為很美的樣子。

又有一次，她在版上說自己是孤僻的人，但有人說她一天到晚發文還說自己孤僻，應該只是人緣不好吧。喔不，多麼尖銳的評論啊，我多想替她回：「你才人緣不好，你全家人緣都不好！」但她的回答又出乎我意料了。

她說這位網友的話的確說中了她的痛處，從小到大她都怕自己人緣不好，在人際關係上一路跌跌撞撞。她可以因此悲觀放棄，也可以調整心態為自己找其他的思考方向，而她選擇了後者。幸好，每個階段她還是攢了不少知心朋友，感謝那位網友的指教，她也虛心接受。很多人也許會說，虛心什麼啊，這麼白目的評論就該罵回去！

對啊，她大可罵回去，因為她有的是道理可以站得住腳，甚至能號召大量的粉絲來公審對方，搞得他灰頭土臉。不過，那就是爭一口氣罷了，除此之外沒了。因為你不過是個會與「一般見識」斤斤計較的人。

在我好友的例子中，我看到的是高情商。

”高情商的運用裡有一個重點，就是給兩方體面，簡單說就是臺階。“

你有發現在她的兩個例子中，她是怎樣化解衝突的嗎？她先點出自己的弱點或不足之處，表示理解對方，然後再以一個道德標準更高、也就是「我包容你」的態度，輕輕反擊。看了兩次她的回覆，我都覺得她贏得漂亮，因為那顯示出她的高情商、好修養，反而讓對方顯得心胸狹窄又齷齪。

在這裡，你該學的是利用別人的惡意來墊高自己，讓自己就算被攻擊了，仍然站在上風，以退為進地讓攻擊撲空，倒賞對方一耳光。修養這件事是需要長時間累積和修煉的，才有辦法發自內心說出這樣的回應。我也無法全然做到每個指教都虛心接受，大度包容。所以，你需要培養心機、建築城府，遇到攻擊時，能夠冷靜想想應該直截了當地攻擊，還是扮演情商高的人對自己更有利，給對方的殺傷力更大。

你真的以為電視上的名人每次說「謝謝指教、虛心接受」的時候，都是真心誠意的嗎？我高度懷疑，但這樣說的效果如何？很好，因為氣急敗壞地反駁，除了樣子醜，還可能被認為心虛；如果你溫和地回應，能提升大眾好感，也為自己留下更大的想像空間。

被攻擊時別急著生氣，代表你是有攻擊價值的人。如果你是邊緣人、沒人想動

你，那被攻擊時，反而應該好好把握這難得的機會，幫自己加分，留下好印象，建立一個好人設。要知道，建立討喜的人設不容易，一旦建立起來，可以帶來許多好處。我上本書說了：

> 生活不易，全靠演技；
> 不只演技，有時還得仰仗心計。

所以下次你被攻擊時，知道該怎麼做了吧？別像個莽夫一樣反咬，即便你有道理，也沒法幫你加到分。

Q：慧川！慧川！扮演高情商的人太沽名釣譽了吧？

A：你可以說這是以退為進，也可以把這看作是一種生存手段。長大之後，你會發現大人的世界很多時候充滿稜角，擺出高高在上的姿態沒有好處。比如說，你想要說服人的時候，「我覺得你的建議很好，但我們是不是也可以試試……」絕對比「你的建議不行」「這個方式很過時」這種尖銳的話有效多了。對客服抱怨的時候，好好說話絕對比大聲咆哮有用多了，因為客服也是人，他們感覺好，自然會更願意幫你處理。再說一次，情緒失控很難看。

大人的攻擊和鋒芒是要藏起來的，如果你處處剛硬，別人只會覺得你很淺；很多時候謙卑溫和的力道更大。如果你沒有這樣的個性，相信我，演一下，你會感受到它的威力。

關於品味：

社交網路的品味現形記

想要曬一曬自己美好的生活沒什麼不對，
但想「裝逼」得先懂你在裝什麼，
免得鬧出拿牛排煮牛肉麵之類的笑話。

「品味」這種東西呢，有兩種養成方式，一種是天生的，一種是後天煉成的。天生的那種與你成長的家庭和環境很有關，如果生長在優渥的家庭，父母也剛好是有品味的人，在沉浸之下長大的品味多半不會太差。有種是透過後天不斷學習和吸收培養出來的，相信我的讀者多半屬於後者。

品味這件事對一個大人來說重要嗎？我覺得非常重要，那關乎你往後生命裡所做的每一個選擇，與衣著、飲食、居住環境甚至職業都很有關係。有人問過我：

"什麼才叫品味好？
我覺得是在有選擇的時候，
能夠穩定持續地做出好的選擇，
就是品味好。"

有人在吃的方面品味很好，懂得各種菜色的差異，懂得哪些食材是講究的選擇，哪些是將就的替代品；吃得出來食物是用心烹調的，還是便宜行事料理出來的。這些判斷不是只有在吃高級料理時才需要去感受，就算你吃的是路邊攤，也能知道攤販是不是有花心思。例如一碗蘿蔔排骨湯，湯頭是不是大骨熬的、蘿蔔是不是已經過老、纖維多到可以剔牙，還有排骨是韌到咬不動還是入口即化？又或是，你在小吃店吃的打拋豬肉，裡頭加的是九層塔還是打拋葉？我曾經在朋友面前抱怨過一家小吃店的湯，味精、胡椒調味過多、排骨太老、蘿蔔口感彷彿菜瓜布，但他的回應是，一碗幾十塊的湯有什麼好不好吃的，而且吃到肚子裡不是都一樣？

對啊，拉出來都是屎，有什麼好計較？這就是品味有無的差距。

"有品味的人注重過程，
沒品味的人只看目的。"

而且是最表面的目的。為什麼要買一件幾千、上萬的衣服，仿冒款既逼真又能達到遮蔽身體的目的不是嗎？不只是吃飯、購物，成人世界裡有各種選擇，天天都要做決定，每一個選擇都關乎你的品味。

你會說，我們怎麼可能什麼都懂，不懂當然不知道怎麼選啊！對的，所以才說品味這種事，大多數還是得靠後天養成。也就是，你是不是有願意學習、了解未知事物的心態。

我在觀察社交網站時發現有個現象，人人都想要營造自己生活得不錯的形象，或自己是有品味的感覺。但最大的敗筆往往是，沒有想要了解自己在做什麼的心，所以發出的文字和照片反而令人尷尬。

舉個例子，有人想曬自己得到一瓶很棒的三十年陳釀X.O，照片配上文字，「是男人就該懂喝威士忌！」好了，首先，你得先知道X.O和威士忌本身就是兩種不同的酒，前者原料是葡萄，後者是大麥、小麥類的穀物。瓶身都寫了怎麼還會搞錯？原因可能是因為他覺得兩種酒是同樣東西。他還用卡通圖案的馬克杯裝酒，讓我回想起學生時代，在宿舍牛飲超市買的便宜酒精。

還有一次，有位朋友想炫耀自己買的上好肋眼牛排，發了這樣的文：「肋眼牛排煮牛肉麵，嘿嘿，奢華吧？」實在是太牛逼了，奢華冠軍，根本可以說是浪費吧？一般牛肉麵會用牛腱、牛腩或牛肩不是沒有原因，因為這些部位肉質老，不適合快炒或當作牛排，只適合久煮或燉煮，這樣肉裡的精華會釋放到湯裡、肉質也會變得軟嫩。為什麼沒有人拿昂貴的牛排肉煮牛肉麵？因為肋眼、菲力這些高級肉，禁不起久煮，而且油脂非常多，一煮脂肪會全部跑到湯裡，肉排本身會變得非常乾澀。而這些在他的照片裡其實都看得出來，我相信他吃一口自己做的牛肉麵後一定相當傻眼，怎麼和外面賣的差這麼多。如果還能做的好吃，我非常鼓勵他可以參加臺北牛肉麵節，相信可以拔得頭籌。

想要展示自己的生活、營造形象，都是無可厚非。如果一個人連一點點虛榮心都沒有，可能也代表他沒什麼追求，不能說他無聊，就是平淡了一些。對我來說，有點像是提早進入了老年階段。

既然要追求就不能懶惰，想炫耀也得先做功課，想要改變生活、學習品味都要下工夫，因為所有事情都是由最小的細節累積成的。你看到社交平臺上任何一個大家說品味好的人、大家都想買他身上穿的款式的帶貨網紅，絕對不會只因為他很有錢買得起，或是他全身都是名牌，而是平時他展現出那些精緻、講究，讓你也嚮往的生活方式使然。

如果你覺得，「我才不管什麼品味不品味」，自己過得爽、用得舒服就好，有什麼不可以？沒什麼不行，就用馬克杯裝你以為是威士忌的X.O吧！拿高級牛排煮牛肉麵吧！其他人看了也不過笑笑而已。

Q：慧川！慧川！我發篇文還要做研究也太累了吧？

A：當然不必每次發照片或文字都得戰戰兢兢，你大可發X.O時以「好酒！」兩個字帶過，或是煮牛肉麵時簡單說「肉好乾、湯好油！」即可。但我們都是人，都會想炫耀、想展示自己是有品味的，但不懂又想炫耀就會鬧笑話。買了好東西至少研究一下它的用途、使用方式，用對方式炫耀，是對好東西的基本尊重。就像你買了一支iPhone手機，至少了解一下它有哪些功能是一樣的道理；買了Boy Chanel包，至少要知道它是以香奈兒女士的摯愛Boy Capel命名。品味其實就是這樣一點點累積成的，你不在乎，那你永遠也不會擁有和這些好東西相稱的底氣。

關於共鳴：與其聊彼此喜歡什麼，不如聊討厭什麼

成人的交往關係中，
能不能一起吐槽是相當重要的事情。

記得我和凱特第一次見面是在某一年的金馬晚宴，那時我是以媒體身分參加，而她和 Yu 是受品牌邀約走紅毯的兩位網紅。那時我和凱特從沒說過話，和 Yu 則是已經有幾次工作上的接觸。

當時我們都坐在同一桌，其實我本人是個話不多，也不容易在初次見面就能和人打成一片、大聊特聊的人。結果意外地，我和凱特說起話來一點也不尷尬（當然 Yu 的存在也幫了很大的忙），我們當晚還超展開地開直播，三人一路說垃圾話直到凌晨三、四點。

我還記得意外聊得來的原因，是因為我們剛好都不喜歡幾部電影，還有一些導演，至於是哪些我是不會說的。凱特是文藝女青年，她看過的電影和書比我多上非常多，她喜歡的很多我都沒看過，甚至沒聽過。但剛好，我們討厭的東西滿類似的。接下來的幾次見面，我們總能發現一些共同討厭的東西，可能是社會事件、業內的怪現象、某些紅得不知所以然的劇等等。

不知道你有沒有發現：

"生活裡不管是職場、朋友交往，甚至和另一半的日常，如果你們「討厭的品味」類似，感情會成倍數型加溫。"

例如在職場裡，你會發現和你感情好的同事多半都和你一樣，不喜歡某個主管、都被同一個小人陷害，或是一起唾棄某個歌手的唱腔。每次聊起共同的厭惡時，總會覺得酣暢無比，空氣聞起來像大雨過後般清新。

這麼妙的心理狀態一定有人做過研究吧！我抱著這樣的心態查了一下，發現真的有人做過。南佛羅里達大學的心理學專家珍妮佛・鮑松做過一個實驗：她把一群喜歡相同事物的人放在一起，而另外一群人是討厭類似事物的群體，讓他們一起聊天互動。結果顯示：有共同厭惡的群體，比有共同喜好的群體在一起時，關係更加親密。

原因是：

”當你暴露了厭惡的事物時，
代表某種程度的信任，
在這個爾虞我詐的成人世界中，信任是相當難得的。“

擁有了信任，就代表你們站在同一陣線。也就是說，成人的交往關係中，能不能一起吐槽是相當重要的。

而一般人交新朋友時，很常只想到要投其所好，對方喜歡什麼我也喜歡什麼，而喜歡這件事比較好假裝。譬如說，朋友說喜歡某個明星或政治人物，而你沒什麼感覺，比較鄉愿的人可能會說，「喔，他不錯啊。」「聽說這部劇不錯，導演很有名，主角也都是實力派。」這種看似正面實則不痛不癢的評論，大部分的人都很容易說出口，如此對方對你的評價就算沒加分也不會扣分。但產生的化學反應，也只能說是不過不失。

如果是不喜歡的東西呢？除非你是非常表裡不一的戲精，否則很難針對討厭的人或東西給出正面評價。譬如，有人誇獎你覺得爛到不行的政治人物、你看了睡到不省人事的電影、背後捅你刀的同事，遇到這些情況，什麼話都不說、默默走開，可能已經是你能給的最大溫柔，怎麼可能還跟著一起附和拍手？

討厭一樣東西，很多時候是因為這些人或物品直接牴觸了你的三觀、信仰，或是生理上感到噁心，根本裝不來。如果你假裝喜歡這些東西，代表你要一直對令你作嘔的事物表示喜歡；想像討厭香菜的人，餐餐都要吃香菜，差不多就是這種感覺。

所以，不難想像，當有一個人和你的討厭品味相同時，那種感覺會有多麼美好。人人都說找朋友或是人生伴侶的時候，有共同的愛好很重要，但有共同的厭惡更重要。因為前者容易流於風花雪月，後者除了可以增加緊密感，還多了一點攻擊性；攻擊性的情感更有感染力。

不是要你成為負能量的人，只跟那些和你同樣負面的同溫層交往，那最後你只會

成為一個討人厭的混蛋。我要說的是，知道一個人討厭什麼，很多時候比知道他喜歡什麼更重要。

這決定了你是否可以和這個人成為長期的朋友或伴侶，知道你在他面前是否可以真實的做自己、你們是否可以成為戰友，甚至互相砥礪。有人說，你可以不知道自己喜歡什麼，但必須知道自己不喜歡什麼；就像先前說的，不喜歡的東西更能說明你的品味、價值觀和無法改變的生理偏好。

所以，下次找話題時，與其問「你喜歡什麼」，不如問「你不喜歡什麼」，試試看能不能找到可以一起吐槽的主題。找到後，只有一個爽字可以形容。

Q：慧川！慧川！說到討厭的人，不跟他們往來不就好了嗎？

A：傻瓜，如果成人的世界可以依舊任性，那我這本書就沒有寫的意義了。長大代表被逼著去懂、理解某些事，既然懂了，就必須做出相當程度的妥協。妥協的過程其實就是去懂人情世故，你唯一能做的只有知世故而不世故，在事事保全自己的前提下，做個自己不那麼討厭的大人。我有時候也很討厭當情緒穩定的大人，但爸媽不也這麼活過來了。記住，要當個比那些你討厭的人更懂事、更好的人。

關於稱讚：
請正確理解別人的讚美

尤其是當這些讚美讓你懷疑自己的時候。

在其他篇文章中，我曾說過慷慨給予讚美的重要性，讚美讓人與人之間的關係更好，也讓你成為懂得欣賞別人、大器的人。但我忘了說正確讚美的重要性，如果要返回那篇補充說明篇幅會太長，所以另起一篇，希望你別見怪。

相信大部分的讀者都是在充滿愛的環境中成長，很多父母會給孩子言語上的溺愛。有次朋友跟我抱怨媽媽都灌她迷湯，說她像林志玲，讓她有段時間真的動搖，懷疑自己是否真的跟林志玲有幾分相似。然後我們聊到媽媽們的愛往往會使我們蒙蔽雙眼，我的母親也不例外。

小時候我的媽媽總愛誇我長得帥，自己誇就算了，還逢人就說。最可怕的是她還會不斷騷擾大明星。記得小學時，郜正宵以〈九百九十九朵玫瑰〉走紅大街小巷，川媽有天突然指著電視上的郜正宵說：「欸，弟弟跟他長得很像耶！」於是我就當了一陣子的小郜正宵。

後來王力宏出現了，媽媽又看著電視上的王力宏認兒子，回鄉見親戚時也大聲嚷嚷我像王力宏，親戚也很買帳地點頭說：「喔真的耶，鼻子有像，下巴有像，耳朵也滿像。」說到後來我也幾乎要被說服，心中不斷有聲音：「該不會我真的像王力宏吧?!」

後來有次過年，我到一個遠親家拜年。親戚家有兩個小妹妹，個性很三八，推來推去地跑到我面前，我之前就聽到她們在我背後小聲說：「欸，他滿帥的耶，真的！」天啊，這時候我對自己像王力宏這件事更深信不疑了。接著，其中一個小妹妹說：「你好像一個明星喔！但我想不起來耶！」嘖，就是王力宏啊！但我沒說，畢竟這種話還是要別人說出口才算數（才小學便如此懂人情世故）。「唉呦！真的想不起來啦！」說完就跑走了。煩！就是王力宏啊，怎麼想不起來！

過了一會兒，兩個小妹妹又跑回來，「欸欸欸，我們想到你像誰了。」「誰啊？」裝作若無其事的我，心裡已經在搖晃紅酒杯，終於想到我像王力宏了是嗎？「你很像洪金寶啦！」那時，我的世界直接崩塌。對，我小學時臉很圓，但被說像洪金寶打擊還是很大。畢竟從一個偶像歌手變成很胖的武打明星，一時之間我真的無法看破。

「喔是喔，謝謝。」說完，兩個三八、我是說活潑的妹妹就跑走了。從此之後我再也不相信我媽說我像誰。長大後親戚都說我跟我爸越來越像，川媽還會說：「怎麼會這樣呢？他小時候多像王力宏啊！」我的老天！媽！我壓根就沒像過力宏啊！

這點我到了國高中時體會特別深，青少年的環境很多時候是充滿惡意的，一個人在學校的受歡迎程度往往取決於外貌。那時我完全沒感受到外表給我帶來任何好處，甚至還因為長了很多青春痘被取了難聽的綽號，那時候我算是真正醒了吧。原來我真的不像王力宏，只能說全天下的媽媽都是迷湯大盤商，她們的什麼話都能信，除了誇獎。

還有一種讚美也很可怕。我有一個讀小學的外甥，跟外甥吃飯時餐桌總是特別熱鬧，席間長輩總會不停誇獎：「他的手腳好長啊～以後一定很高。」「他好喜歡吃菜啊～他好喜歡吃貢丸啊～他好會吃魚啊～他好會#%@#」即便外甥說了不禮貌的話，「哎呀，反應真好以後一定很會念書！」「湯喝得這麼大聲，真是有口福！」當我試著調高喝湯的音量（為什麼？），媽媽卻叫我小聲一點，那時我體會到，孩子真是一個做任何事都可以得到讚美的生物。然而，身為舅舅的我，只想等他再大些時，讓他看看這篇，了解如何解讀讚美。

讚美有很多種，有來自爸媽那種瞎子式的盲目讚美，有朋友間那種情義相挺的讚美，還有大人之間言不由衷、另有所圖的讚美。

“這些讚美常常混淆你的判斷力，模糊了你對自己的認識。”

讚美是件好事，但如果聽信過度甚至失準的好話會導致災難，因為你為了貼近這些讚美，會勉強自己。如果是政治人物，你可能做出德不配位的事情，你可能接下了一個一定會搞砸的任務，或者迷失自己忘了初衷。要能分辨來自旁人的讚美或好聽話是否屬實，你必須對自己有足夠的了解。當有人告訴你長得像林志玲、王力宏時，千萬要記得拿起鏡子，仔細看看；當有人給予你盛讚時，也請冷靜下

來，想想這些人的誇獎是否別有目的，或是你握有什麼他們很想要的東西。再不然就多問一些人，多方比較一下評價，不會錯的。

村上春樹說：

”

「我相當堅定地相信，世上最能深深損害一個人的，就是錯誤的讚美方式。」

“

因為有太多人被這些謬讚給毀了。

Q：慧川！慧川！難道我都不能相信別人的讚美了嗎？

A：不，不是這樣的。重點是要端正你的心態，允許自己因為讚美而開心，但不要因為別人的話而動搖，因此感到自滿或驕傲。別人誇你漂亮，就輕易的以為自己可以靠臉吃飯；被灌了迷湯，為了回應別人的盛讚，沒評估自己的能力就去攬下超出能力的任務。真正走出舒適圈或是挑戰潛能，是在你已經展現了某方面的才能或潛力之後。別人的好話，信一半就好。

關於朋友：交朋友這件事，你應該現實點

交到壞朋友，會變醜喔！

說到「交朋友」，我們可以聯想到一堆充滿正能量和情懷的關鍵字，包括真心交陪、慈悲為懷、朋友有難時應該兩肋插刀等等。站在宏觀的角度這些都沒有錯，不過，在龐大的社交網路中有太多種朋友，如果你想在每段關係都做到與人為善，那就是和自己過不去。更何況很多時候你連「朋友」和「敵人」都分不清，這部分我留到下一章再說。這裡，我先說我認為成為大人之後，三個最重要的交朋友態度。

避開壞朋友

第一個是請避開那些有負面影響的人。廢話，從接受國民教育的第一天開始，老師、爸媽都叫你不要接近壞朋友，但大人世界裡的壞朋友，有時候不是那麼容易被察覺。

「為什麼？壞人不就那樣，凶神惡煞、滿臉橫肉、對我很壞的那種？」對，重點出現了，有時候有人對你很壞但你卻沒發現，或是發現了卻一直在包容。這種人常常出現在感情裡，回想你身邊有沒有這種朋友：他的男／女朋友明明就是很爛的人，但他怎樣都勸不聽。為什麼？因為他相信有一天自己可以改變對方。

韓劇《夫妻的世界》裡有個被男友暴力傷害的女性，被打了好幾年，有次甚至被打成哭哭饅頭差點丟了性命。女主角問她為什麼不離開，她說：「他的本性不壞，我相信我可以改變他。」女主角聽了傻眼貓咪。在生活中會碰到很多貌似不幸的人，很多人控制不了自己的濫情，覺得他這麼可憐，我應該幫助他、改變他。每次碰到這種人我都想問他們：「有沒有掂過自己幾斤重？」

很多不幸或悲慘的人，是自己本身具備了毀滅性的人格，譬如愛說謊、暴力傾向、負面思考，或者其他無法控制的行為，當你和這些人長期相處下來，同樣也會受到影響。

有個朋友因為天生個性比較極端和憤世，所以容易和同樣類型的人互相取暖，長久下來，他發現自己的個性越來越扭曲。直到後來有了信仰，離開了那樣的朋友，和正面、積極生活的人交往，整個人才煥然一新。

”我相信「不幸」是有傳染力的，
因為那是一種思考方式和情緒，
唯一的解決方法就是自主隔離這些朋友和情人。“

有朋友說，看一個人是不是交往到好對象，只要看他是變好看還是變醜就知道了。尤其你看那些從一段爛關係解脫之後的人就知道，變好看還不算什麼，連運氣都會變好。

不要當爛好人

「助人為快樂之本」，這句話不知道害了我們多久。我們都有想當好人的欲望，所以看到別人放下身段、可憐兮兮來拜託時，那個廉價的憐憫就出現了。更慘的是，有時候還不是因為可憐對方，而是不好意思拒絕，便勉為其難答應了。

有主管因為個性「樂善好施」，所以其他部門只要有事或有燙手山芋，就會想方設法甩鍋到這個爛好人身上。這種主管要是真的有能力解決還好，偏偏還無能，端了爛攤子回來要下面的人幫忙解決，而我的朋友就是下面的人。在銀行業上班的她，因為新冠肺炎的關係多了一堆貸款案件，每天已經忙到焦頭爛額，主管還不停從別部門捧來一堆垃圾要她處理。她甚至還要因為一個不是自己經手的案子去和客戶開會，在那位「好人」主管底下做事的人，沒有一個不希望主管走，每天在外面布施行善，底下的人就要承受這些業力。

> **你濫給的好心不會帶給你好人緣，只會讓你成為很好用的工具人。**

拿讓你為難的事情來一次次為難你的人，都是披著羊皮的狼。虛假的友誼和美言，或感謝之詞，比一顆茶葉蛋還不值錢。

被討厭的勇氣

正因為你無法順每個人的心，要討好每個人也是不可能的，所以，你也得接受就是有人不喜歡你。如果你大部分的評價是好的，也很清楚知道自己做的是正確的事，那就不需在意剩下的人喜不喜歡你，甚至討厭你。

像剛剛那位主管，她如果硬起來，幫部門擋掉那些爛事，一定會被其他部門的同僚討厭，覺得她難搞、難相處，或不懂得給方便、太多稜角，但是她可以得到下屬的敬愛。

再怎麼人畜無害的人，都有不喜歡他的人，不可能有人真的做到「零負評」。就像志玲姊姊，人美、情商高、致力慈善公益，但酸她、罵她的人也沒少過。而在感情裡也是，有些人你再怎麼努力，或是條件再怎麼好，他就是不喜歡你；又或者是勇敢選擇真愛的前提是，你必須先放棄一段談了很久但已無感的關係，於是你在追愛的路上是大家口中的勇士，在另一群人眼裡就成了渣。就像有句話說：「就算是再好的人，在別人的故事裡，也可能會變成壞人。」

喜歡或討厭、善良或不善良都是相對的，很多時候答案很簡單，你只要問自己：「我是否把自己該做的事做好了？」這樣就夠了。

慧川的課後相談室

Q：慧川！慧川！但我只要發現別人討厭我，還是會很走心怎麼辦？

A：我很建議你用蘇西．威爾許的十／十／十法則（詳細請參考第173頁）。這些人的「不喜歡」分別在十分鐘、十個月、十年以後，會對你造成什麼影響？這件事在十分鐘內肯定會造成你情緒不佳，但往後看呢？你會耿耿於懷到十個月、十年嗎？這個在意的感覺可能甚至撐不到兩天，很多時候是你以為會很在意，但事實證明他人的討厭根本於你無關痛癢。

如果你在乎一個人對你的感覺，可以長達一年甚至十年，那才該好好想怎麼處理。

關於EQ：

想招桃花、旺貴人？與其立志善良不如先練好EQ

善良的人未必有善報，
反而可能被欺負。
但EQ好卻能為你帶來貴人。

我不太許新年願望，因為成長過程發現自律程度很低的我，許願往往追求的只是那一秒鐘的儀式感。後來發現吸引力法則這個東西之後，知道在大腦裡面建立信念、目標，或甚至只是一個指令是相當有效的。於是前陣子，我問朋友今年許了什麼願望。

他說，「我希望變成一個更善良的人。」多麼討喜的答案，既慈悲又空泛得難以定義。新年就應該許這樣的願望，我也要這樣。

不過後來想想，善良的定義實在太廣了，而且是人天生的本質。有人天生就很善良，有人天生就不太善良如我，雖然我非惡人，但性格中存在了一些小奸小惡。例如走進電梯，後面有人說等等時，如果是同在密閉空間會尷尬的人，或是我真的要遲到了，我的手可能不會從「關門」的按鈕移開。對，我真的好壞。

但這很壞嗎？很不善良嗎？好像也不是，可能就是EQ低了一點。在這個世界或社會上，我覺得情商高可能比善良還重要一點。那情商高就要磨掉所有的稜角或是戴上面具嗎？也不是，我認為的情商高，是可以體貼別人，更靠近別人一些，可以感受到別人的難處、面子。這樣很多時候就不會老是容易討厭或對別人生氣，別人和你相處也會舒服一點。

像是搭電梯，其實多等幾秒也不會讓自己遲到多久，如果已經遲到了，主管不會因為你早幾秒進來就覺得你棒呆了。電梯裡的尷尬很多時候是自己戲多，其實在心中默唸佛號或禱告就沒事了。以下再多幾舉個例子。

我覺得EQ這件事最直接就是反映在說話。很多白目的人，因為情商不夠高，無法體貼別人，所以會講刺傷別人的話，或者追問一些人家不想回答的事情，好奇心蒙蔽了他們的眼睛導致情商下降。與人再好還是要有界線，這是我活了二十七年（？）學到的事情。相對的，喜歡抱怨、對別人說自己多慘的人，情商也不高，沒有體諒到對方接受你負面情緒的難處。

”

壓力沒有大到想尋死的地步，
建議可以去喝杯珍奶或睡覺，
沒有一杯珍奶或睡覺解決不了的事。

“

如果你發現身邊朋友穿了新衣服，或什麼東西讓他變得好看了，可以讚美一下，有些人會說「誒你穿新衣服喔？」然後就沒下文了。什麼意思？好看還是不好看？好看的話說幾句好話不會死，難看的話一開始裝瞎就好，試著讓別人有個美好的一天。工作上也是，如果同事和你沒什麼深仇大恨，誇獎一下他的報告做得很好、簡報的臺風穩健、咖啡泡得很好等，都是很好的相處方式。

還有，尊重別人的喜好也很重要，不要隨便批評。例如我之前覺得去爭鮮壽司，有人拿溏心蛋壽司、叉燒肉握壽司很怪，後來發現很多讀者都很愛，深刻反省後，理解到有人就是想在壽司店吃到火車便當般的飽足感，應該予以 respect。

而好的EQ有一個最直接的效果就是，這樣的人通常人見人愛。心理狀態正常的人，都會希望被他人喜愛。美國研究說，你認識的每十個人，就會有兩個人喜歡你，如果再付出一點努力，就可以多讓四到五個人喜歡你，而剩下的人可能死都不會喜歡你。也許你會說，我為什麼要讓別人喜歡我？親愛的，請你接受，成人世界是由人際關係組成的群體，基本社交是求生技能，除非你有什麼別人能心甘情願忍受你的條件，例如你的外表真的太優秀、家世背景太好，但前者不持久、後者則始終得不到人的真心。

如果「貴人運」這個東西對你還有吸引力，請好好提升你的情商。但是，你也得接受就是會有人不喜歡你的事實。這也是我活了二十七年（？）學到的。

”我們不可能讓每個人都喜歡自己，菩薩都做不到，更何況你。即使想討好所有人，最終不喜歡你的人一定比較多。“

情商很抽象，有時候甚至像一種玄學，怎樣說都可以，但絕對不是一味地脾氣好、只說好聽話，也不是只會察言觀色。察言觀色是一種把別人放在自己之前的行為。練習提升EQ不是要你抹煞自我，拚命討好。

我看過一篇文章說，情商比較像是一種「閱讀空氣」的能力。要能聽懂別人的言外之意，像是「盡快」就是現在要、廠商說「預算不多」意思是沒錢。

最後再廢話一些。其實說了這麼多，關鍵就在距離的拿捏，太客套、太禮貌都會讓人有壓力；聊天要懂得開話題、接話、在不適合的話題出現時見風轉舵，有同理心，不輕易用自己的立場評斷對方。比方說，我曾經看到有網友問一位懷孕的網紅是不是胖了；另一位臉過敏的網紅問大家有沒有處理過敏的撇步，網友暗諷她可以叫品牌送過來；或是在一位網紅的版上一面誇她穿搭好看，一面批評她另一位網紅好友的穿著等。

”情商好不一定會讓你成功，
不會閱讀空氣也不會讓你變成壞人，
但絕對很有可能讓你顯得粗魯以及令人尷尬。“

所以，我不立志善良，但期望自己成為一個高EQ的人。但電梯我只能多等五秒，不能再多了。

Q：慧川！慧川！出國到底該不該買禮物給同事？

A：老實說，我覺得要。而且如果你是主管，更要買。該你請客的時候就要請客。記得我以前有個主管，那時組裡有同事要離職，他約了中午請那位同事吃飯，在一家很普通的餐廳，我們三人各點了一份商業午餐義大利麵。結帳時，他對同事說：「今天你別出了，我們請你。」

「我們？」我聽了不以為意，以為他口誤。沒想到結帳時，他轉頭要跟我平分同事的餐錢。我用微笑掩飾我的震驚，然後掏出錢。儘管我和那位主管工作上沒有過什麼衝突，但印象從此變得很差。我現在已經記不清他的工作表現、帶人風格，只記得他要跟我平分離職同事的義大利麵！

沒有人喜歡小氣鬼，況且出國這種事也不是常有，回來時順手帶一些不是很貴的小零食給大家吃，我覺得是基本社交，絕對可以提升大家對你的好感度。人心無價，但很多時候也很廉價，只要你肯釋出一些小小的善意或施以小惠，就能讓你的職場日常更加順心如意。

關於出勤：
職場刷存在感之必要

如果你是一個來去如風、常請假缺席的員工，
那麼很多大好機會也會在你的人生中缺席。

不知道大家的公司如何，我目前的職場大概是十多年職涯以來最棒的。團隊年輕、氛圍自由且活潑，雖然偶爾需要週末工作，但機會不多，就算要工作，時間也不會太長。有時為了配合國外時間開會，需要早起或晚睡，但這些都無傷大雅，而且公司普遍氣氛是尊重員工工作以外的生活。例如，我看過很多朋友放假時間還是必須隨時隨地回訊息、電話，但我們可以說：「不好意思，我在放假。」或是可以暫時忽略那些工作上的紛擾。

一樣待在同類型產業的朋友，他們公司風氣也很自由，而且特別反映在請假這件事上。他曾經看過有人因為女友生病、照顧家裡的貓而請假，為什麼他會知道？因為同事毫不避諱地寫在請假的信件裡，所以所有相關人等都知道同事因為女朋友或貓而請假。這其實是相當冒險的行為。如果是在學校，彼此利益衝突關係小時，大家也許只會覺得好笑，頂多偶爾被拿出來恥笑一番。但在職場，就算平時相處融洽，也難保有心人不會記在心裡，大家喜歡把職場比喻成宮鬥不是沒有道理的。如果你還剛好犯了一個錯誤，讓人把這些事連結在一起，事情真的是可大可小。

也許你會說，那我在家工作可以吧，在家裡大家還是可以找得到我啊，聯繫管道都開著。很多場合，是人在比什麼都重要，雖然就算你不在公司座位上，還是可以發揮職場功能，但感覺就是差了一點。差了哪一點？差在Kimoji，或是Fu。

去公司上班不像線上掃墓或拜拜，當大家都領一樣的薪水，你可以不用通勤、同事要找你時還得另求管道，偶爾為之旁人可能不覺怎樣，可如果常發生，別人心裡難免犯嘀咕。剛說的那位朋友，因為團隊裡大家都感染了這股「自由」風氣，就有人在年終考核時反映某組的人好像很常請假、常找不到人。再怎麼自由的公司團隊，只要是人都會在乎這種小事，特別是在職場這種人際和工作互相牽制的地方。

人都有犯懶的時候，偶爾說家裡有事在家工作什麼的也是人之常情，不過理由應該模糊，用「家裡有事」或「私人原因」即可，不需要把女友、家裡貓狗、祖先怎樣都交代得這麼清楚。而且說不清楚才讓人有想像空間，覺得是不是真的有什麼事所以才說得這麼不清不楚。殊不知你只是想在家裡睡覺、地板太冷讓你下不了床，或是雨太大把你困在家裡。

不過，家裡有事這個理由還是不適合太常用，因為久了也會讓人不耐，起了「到底有什麼事？」的疑問。所以我寧願請病假、特休或者扣半薪的事假。再者，職場是現實的地方，如果你常用「家裡」當作離開工作崗位的理由，你可能要有一個極度善良和理解的主管或同事才OK。所以，絕不要輕易用家裡有事作為請假的藉口。

也許你會說，是真的家裡有事啊！尤其是有孩子的職業婦女，一定很常面臨這樣的兩難：譬如說，孩子生病啦、哭鬧想你啦、有家長會等等，但這時你又在準備一個重要的簡報，或是老闆需要你在現場處理某些事，是不是有夠天人交戰？我以前看過一個理論很有趣，叫做十／十／十法則。提出的人叫蘇西．威爾許，她曾是《哈佛商業評論》總編輯，也是四個孩子的母親。這是當你陷入理性與感情混沌時很好用的工具，能讓你用宏觀且理性的角度去思考和決策。

思考當下困擾你的事，如果下了某個決定，分別在十分鐘、十個月、十年以後會對你造成什麼影響？

蘇西用自己的經驗當例子，有次老闆要她加班，剛好保母來了電話，孩子在家裡哭鬧，還大吼媽媽愛工作勝過他們。這話聽在職業婦女心裡有多痛？可能很多人會紛紛丟下工作，跟老闆說：「不好意思，我家裡有事，必須先回家了。」假設老闆人很好，他應該就讓妳先離開。

但如果妳仍選擇留下加班，影響是什麼？十分鐘後，老闆可能看到妳家裡真的有事但仍願意加班，覺得感動，信賴感上升。雖然孩子繼續哭鬧，但有保母在不會有什麼危險，而且孩子可能隔天就忘了這件事。如果妳和孩子之間有愛，他不會因此恨妳一生，因為大了他便會知道，他有的一切，是妳辛勤工作換來的。川媽過去是職業婦女時，經常因為加班錯過了許多我的學習或是活動，小時會對媽媽為什麼常常不在感到疑問，但大了就知道她的缺席都是我生活無虞的原因。

如果選擇回家，十分鐘後老闆可能已經找到別人代替，妳失去了一次表現的機會，也許就等於永遠失去，職場的現實不需多說。回家之後呢？孩子可能睡了、可能被安撫了，然後？這不過是孩子長大前的日常，但妳已經失去表現的機會。

如果常因為家裡有事早退、請假、在家工作，這十個月孩子不會有什麼大變化，而職場上的印象一旦成立便會根深蒂固，工作可能因此停滯，甚至導致更慘的後果。那如果堅持十年都以孩子為重心，事業就先不用想了。妳會因此變得跟孩子感情更好嗎？如果是這樣，那麼全世界的親子關係應該都很好，但我看過的例子中，事業有成的女性多半也和孩子關係很好，我的經紀人便是很好的例子。而不少和母親關係不好的人，他們的母親都剛好是家庭主婦。努力工作十年，也許她能用很多的財富和資源來彌補；也或許因為忙，她們會更珍惜和孩子相處的時光。

從蘇西的觀點來看，十年可以為她的職場發展帶來很大幫助，也能給孩子更好的生活，而且當時的她還是單親媽媽。評估下來，蘇西毫不猶豫選擇加班。

扯遠了，所以，別覺得你只是一、兩天沒去上班、幾天早退，或只不過是沒到公司而已。

我相信每天出現在該出現的位置上，
不只是一種儀式感，更是你在職場必須刷的存在感。

慧川的課後相談室

Q：慧川！慧川！老闆要我想想帶客戶去哪裡吃飯，為什麼我要想這種事？

A：老實說，作為成年人，如果你是一個餐廳、咖啡廳口袋名單很充足的人，好處是很多的。第一點，這件事可以給別人一種你很有生活品味的印象。再來，不知道為什麼，知道好餐廳在哪的人，通常也能強化別人對你的信賴感，讓人感覺你「會做事」，一個只懂工作的機器人是不討喜的。累積口袋名單的方式很容易，只要平時滑IG的時候看到不錯的餐廳收藏起來即可。

而且，不同的餐廳有不同的功能，必須針對談事情時需要的氣氛來選擇。例如談機密的事情時要找氣氛平靜、隱密的；第一次見面的客戶，如果希望氣氛熱絡，就要避免過於安靜的。所以，挑餐廳也是一項該培養的職場技能。

PART 3

身為大人的放手與和解

走到最後不是你能多用力抓住什麼，
而是你能放下多少

關於失敗：
給自己失敗的機會，比力求完美更重要

你是真的完美主義者，
還是只是害怕失敗？

「完美主義」是個毀譽參半的標籤，在不同的語境會帶來完全不同的效果。例如，「他真是一個完美主義者，每次報告都精美且零錯誤。」而另一種可能是，「他真是一個完美主義者，不到完美他絕不會出手。」後面這種人是真的沒交報告，因為他的完美主義不允許不完美。在我的生命裡，碰到不少這種人。

以前學校有位同學F，沒錯，我又要消費生命中的過客了。他是處女座，不是要汙名化處女座，但他剛好不偏不倚就是處女座，真的是沒有辦法。F是好學生，上課認真，在課堂上也時常發問。這樣優質的同學和他分組作業絕對穩妥，不可能有錯，像夜用型衛生棉般讓人倍感安心。但老話一句，世事難料。

記得他在交報告那天，消失了，手機、MSN（不知道是什麼的人可以問Google）都找不到人。確認過眼神後，當時血氣方剛的我們都希望他就這樣永遠消失算了。後來才知道，原來他覺得自己的部分不夠好所以選擇不交。嗯？哈囉？那我們呢？我們何其無辜！

F這樣的性格成為他求學路上的絆腳石，他可以因為覺得回答不完美而交白卷，或是在準備某門課的期末考時，鑽研單字用法忽略考試的重點，最後被當。這就像賣排骨飯的老闆，花了很多時間煮出超好吃的飯，但是排骨沒炸熟，還是一份失敗的排骨飯！

有一種完美主義者是這樣的，他們不吃「世事無法盡如人意」這套，但偏偏常在這個真理上吃癟。有個理論叫「套裁效應」，指的是服裝裁剪的概念，在一塊布料上製作兩件以上的服裝時，必須在有限的布料上做合理的安排，學會在各種衝突下追求合理的結果。這時候如果無法想到「大局」，反而拘泥一個小點、枝微末節，不願意放棄每一個不完美，最後端出來的就是一盤地雷排骨飯。

我常覺得生活中很多事是這樣，必須有平衡，生活、工作、感情亦然，甚至我們連平衡都做不到，很多時候必須取捨。

”為了接近理想的結局，
你必須忽略、將就，或是去除掉最小的細節。“

這也是當年考大學衝刺班老師一直教我們的，「不求甚解」「投機」這些聽起來很負面的字，可能是成年人的救贖。

另一個完美主義者的例子是我十年好友L，她是我認識的人中最才華洋溢的人之一，大學學的是設計，不過出社會之後工作一直不太順，甚至不順到三餐不濟的地步。我一直覺得這麼有才華的人，為什麼職涯會這麼坎坷，雖然大學時有算命說她會倒霉十年，但身為理性思考的知識分子，我無法接受這個說法。

我嘗試用自己的人脈幫她介紹美術設計相關工作，叫她準備好履歷和作品集。第一次，她說作品集在鄉下老家生不出來；第二次，她說臨時老闆交辦了一個重要的工作，她沒法分心準備面試；第三次，她說那份工作要求的某個工具她不太熟。三次之後我急了，問她到底為什麼像在閃躲機會，她才老實說，她從來不是特別有自信的人，覺得自己過去作品不夠好、不完美，不想拿出來給人看。

是啊，人是會不斷長大的嘛，回頭看以前的作品難免會有點尷尬，就跟回顧自己國高中時的長相一樣。就像我回頭翻我的第一本書，也會尷尬地起雞皮疙瘩海浪。不過，我相信雇主並不是要看到一份完美的作品集，重要的是可以看出你的設計思維以及基本功。因為拿不出完美作品就放棄機會，實在是太可惜了。

這是另一種完美主義者，因為無法自我肯定，才想在每個環節盡善盡美，卻往往還沒開始就放棄了。追根究柢，可能是因為害怕失敗。但這樣的人可能沒想到：

”如果連失敗的機會都不給自己，
失去的可能會更多。“

有句話我一直很喜歡：「沒失敗過的人，肯定什麼也沒做。」如果L肯拿自己的作品多問問其他人意見，或者就能去面試了；也許她可以碰到賞識她的伯樂，也許她被刷掉，但從中可以知道自己缺了什麼。因為完美主義而變得小心翼翼的人，錯過的可不只是一份工作這麼簡單而已。

Q：慧川！慧川！那我該如何戒掉完美主義？

A：我就知道會有人這樣曲解我！完美主義還是很優良的人格特質，代表對自己要求、負責。地球要進步，需要每個人都有些完美主義。只是很多人會因為自己心裡某些過不去的坎，曲解了完美主義。可能是過度偏執，或者過度自卑，讓自己失去方向，而我不喜歡用「完美主義」來包裝這樣的心態。

真正的完美主義者，應該是在每一次的全力以赴後，對成果無愧，對結果服氣，即便有遺憾，也要為自己沒有放棄而感到開心。所以，如果你有完美主義，不需要戒，只需要記得「完美」的本質，需要一點寬容、一點就算跌得狗吃屎也沒關係的無所謂。

關於包容：給人臺階，也是給自己一個體面

如果你無法說動一個人改變想法，
就和平退場，
彼此保持距離吧。

我們常常會遇到這樣的狀況：你試圖向某人解釋香菜的美好，無法理解沒有香菜的貢丸湯、花生豬血糕怎麼會好吃。你想說服他，還提出研究指香菜有治療腸胃疾病的功效、幫助記憶力和學習，甚至能殺死有害細菌。喜歡的人甚至可以噴香菜香調的香水（我就有一瓶，而且很愛）。那不喜歡的人呢？他們的理由只有：很臭。他們的DNA決定了他們不愛香菜，這輩子都無法喜歡。就算舉辦世界香菜辯論大賽，正方贏了依舊改變不了討厭香菜的人；就算有人研究香菜的益處而拿到諾貝爾獎，討厭的人也不會願意舔一口。

生活中有很多事不是你覺得正確就能說服人。小到男女交往時吃飯該不該AA制、感冒看中醫還是西醫好，大到該不該結婚、哪個黨執政比較好，你會發現很多事情不是比較有道理就說服別人。生活中最明顯的例子就是長輩。長輩覺得你三十歲後就會沒人要、長輩覺得不管你公司多有發展性，都比不上在公家機關安穩度日。

我和公司同事有個工作之餘閒聊的群組，同事小仙女有天在群組說她被婆婆嚇哭，我們都慌了，以為婆婆是不是又素顏坐在沒開燈的客廳。結果不是，是更可怕的事情。

小仙女剛生產完在家坐月子，突然接到婆婆傳真到家裡的一封手寫信（看來，婆婆相當重視手寫的溫度以及善用科技），整整兩頁，信裡是對她滿滿的不滿和指責。譬如，婆婆說自己很疼媳婦，常常噓寒問暖，去百貨公司還買了最暖的被子給她、讓她回娘家坐月子，但小仙女卻連加入婆婆的家庭群組都不肯，也不常邀婆婆去吃飯。

婆婆說小仙女是個「失職」的媳婦，並且要代替剛出生的小寶寶教訓她（這時候應該要放水手月光仙子變身的音樂了，謝謝）。收到信沒多久，婆婆來電了，當時的小仙女有點產後憂鬱，硬著頭皮接起電話：「喂，媽。」「妳還好嗎？我知道妳有產後憂鬱，現在有好一點嗎？」「謝謝媽關心，我還是有點不舒服。」「沒關係，那妳還是聽我說完，一次不舒服完，明天就沒事了。」哈囉～～～有這種事嗎?!

接下來，小仙女就和老公一起聽婆婆的教誨，長達一個小時。群組的同事們都呆了，怎麼會有這麼瘋的事情，實在太精彩了（嗯？）。我們紛紛起鬨要小仙女發飆，她明明這麼不舒服為什麼還要受這些委屈，被這種「家法」處置？小仙女不愧為母則強，耐心聽完婆婆的話，冷靜地回：「是，媽媽，我們知道了。」「以後我們會注意的。」完全母儀天下（？），包容著婆婆的怒火。

小仙女說，與其和她爭論，不如就讓她發洩，給彼此都留個體面。當然，也可以告訴婆婆，「媳婦」不是職業，哪來的「失職」？妳也可以說為難女人的，往往不是男人，而是這些覺得自己經歷過什麼，所以有資格教人怎麼做的老女人，喔不，我是說長輩。但，這樣對事情有沒有幫助？這時，有位同事幽幽地說：「我婆婆也會逼我讀《紅樓夢》……」跟這件事沒什麼關聯，純粹想給大家笑一下。

的確，這是比較極端的例子，但長輩這種生物的確很多時候是無法改變和被說服的（如果你有一個心胸開闊、樂於接受不同觀點的長輩、婆婆，恭喜你，請好好珍惜）。原因很多，可能她覺得自己也是這樣「熬」過來的，他們比你懂、你眼界未開；又或是他們也發現自己錯了，但人越大臉皮越薄，你拆了他的臺只會引起另一場滔天大火。我覺得逃避是可恥的，但要改變一個人有九成是不可能的，所以在這種時候逃避不可恥，反而是一種體諒自己和他人的心態。

一個人成熟後，可以體會到你無法事事糾正別人，在不傷害他人的前提下，你很難說什麼是對、什麼是錯。很多人想要糾正別人，事實上都是自己想那樣做卻無法，因此把這種不甘心的情緒形成的價值觀，轉嫁到別人身上。這種狀況尤其常見於民間家庭中，一種叫做「婆婆」的生物。

年齡不一定和智慧成正比，我曾訪問過一位諮商師，她說想說服別人的人，往往都覺得自己是對的，不願意從另外一個角度看事情。這大概也和人的惰性和習慣逃避有關。

"接受新的觀點是很麻煩的，有人甚至會覺得羞恥，
因為代表了自己抱持多年的信念錯了，
所以我們偷懶地選擇一個最方便、最輕鬆、
最多人選擇的立場去看事情，或指責他人。"

也因為懶得思考，你對很多事情的答案都不是屬於自己的，只是一個懶惰的、偷看來的答案。

除了自動自發地覺悟，你很難改變一個人選擇相信的事，因為他們的答案雖然不一定經過思考，卻是自己選的。這些有爭議性的道理，從各種角度來看都能說成一個道理，想爭贏，只是浪費力氣。允許、尊重、包容不同的意見和觀點，是成熟人應該有的態度，殘念的是，很多人做不到。

對於大多人，你能做的是：閉嘴、放空、轉身。可是當這些人是你的家人，你必須要長久面對的時候，不能說轉就轉。一向以迷糊自嘲的藝人Melody說：「閉嘴、放空、微笑。」這其實是很高情商的做法，因為這麼做的背後不只是靈魂抽離，還有包容、體諒，和願意給對方一個體面的雅量。

Q：慧川！慧川！不管我怎麼做，某個人就是對我不滿意，該怎麼辦？

A：以前我有個主管，她有一套七十分的工作哲學，也就是任何事都抱持稍微認真一點的態度，因為比起做到完美，她更在乎的是自己的生活品質。

同樣的心態也可以用在人際關係上，你不可能做到一百分、人人都喜歡你，那就保持友善，有機會時釋出一點善意，其他就交給緣分吧。一個人要討厭你，可以找到一百個理由，想讓他從不喜歡你到愛死你，是沒有意義的纏鬥，好好過自己的生活吧。

關於互動：

生活沒有那麼多風浪，很多時候只是戲太多

專注在眼前的

電影、紅酒，還有愛的人身上，

別再關注手機裡那些小動作。

前陣子看到一則八卦新聞，一家媒體跟拍男歌手，看到記者在各種偷拍照片下的注解感到啼笑皆非。

有一張是歌手看著他的緋聞女友，其實眼神就是一般，甚至可以說是在放空，但圖說寫著：「XXX看著OOO，眼睛冒著愛的泡泡。」另一張女生陪男生逛街，在模型店待得比較久一些，就被寫成「無怨無悔地陪伴」。難道這就是張愛玲說的那種最高境界的愛情？那種即使不說出口，只是兩人眼神交換就已火熱、手指相碰便足以驚心動魄？只是陪逛街，就能感受到女生的無怨無悔？

看到這個新聞我笑了很久，把自己手機裡的照片翻了一輪，發現只要有心，我也有許多照片可以是各種史詩故事。看海的照片，是我在思考宇宙的真理；對著乳酪蛋糕發呆，其實是對存在的意義進行靈魂拷問；我與朋友低頭在餐桌連線打遊戲，不論在手機世界裡多麼激烈地交流，都可以解釋為低頭不語，最熟悉的陌生人。

其實看海的我，只是在思考等等要移動到哪裡吃東西；看著乳酪蛋糕只是在思考我應該從哪裡下刀；即使我們低頭玩手機，不代表這頓飯沒有溫度，因為我們在另外一個世界裡衝鋒陷陣，生死與共。

不知道現在的我們是不是生活太無聊了，所以喜歡對所見所聞加戲。

”我們以為一張圖片可以說明很多事情，其實只是在用自己的角度和自以為，填補與事實之間的距離。“

和朋友聊起人際關係時常常有這些感觸，我們到底是以什麼樣的標準去衡量朋友有沒有心。有個朋友抱怨，覺得另一個朋友和他的距離越來越遠。

「怎麼說？」我問。「就是每次訊息敲他都很晚回啊，常常幾小時才回一次，有時候隔天才回！」他說得很氣，好像對方犯了多大的禁忌。我聽了之後傻了一下，因為我就是那種不會馬上回訊息的人。

但以前我是那種看到聊天程式紅點亮起來就很不舒服的人，一看到就想把它們全部消滅。另一方面，也怕對方等太久沒收到回覆會不開心，覺得我是不是不重視他才這樣。以前我甚至是洗澡洗一半，手機一有聲響就會把手擦乾、滑開手機那種人，儘管頭上還有泡泡，瞇著眼睛都要把訊息點開，至少回一個貼圖。有幾次跟爸媽或朋友吃飯，他們見我每次話說到一半，螢幕亮起就分心，想拿起手機確認，忍不住問：「有什麼事情是你現在一定要確認或回覆的啊？」

嗯？好像真的沒有，那些亮起的訊息提示，很多時候只是閒聊、瞎扯、網路上看到的惡搞影片。然後自己都做到這個分上了，也希望對方也可以迅速回覆，一來一往，感情才是真的。如果對方做不到就會開始懷疑，他在幹嘛？他怎麼沒專心跟我聊天？他是不是旁邊有誰？誰比我重要？

在某些社交軟體上看到對方「正在輸入」，心裡就安心許多，但如果對方「正在輸入」太久，又開始懷疑他為什麼要想這麼久？是不是心虛？是不是想說謊？是不是旁邊有誰？完全像個神經病。其實對方可能只是沒跳出視窗就去做別的事而已。

又或是發了一張照片，就開始患得患失，怎麼誰誰誰都沒來按我的讚？明明他剛剛也發了動態，應該還在線上啊？我都有按他的讚，他為什麼沒按我讚？他是不是在生我的氣？我做了什麼事情惹他生氣了？一定是因為他上次跟我借熱點，我說手機要沒電了不借他。怎麼這麼小氣，這算什麼朋友，封鎖他！其實冷靜下來就會驚覺，自己的戲怎麼這麼多？自己演不夠還要幫人家加戲。

我有個研究所同學的群組，我總是裡面接話接得最熱烈的，S是最懶惰的那個，永遠安靜，只有真的要約吃飯並且標籤她才會出聲。見面聊天才知道，在銀行業工作的她，每天下班只想好好休息，開瓶酒看個劇，把時間留給自己，而不是在螢幕上打字。而我們見面時，可以明確感受到，我們之間沒有不一樣，只是我把芝麻般的小事渲染成某種程度上的恩斷義絕。

的確，每個晚上我拿著手機，放了又拿、拿了又放，想好好看部電影也會分心。

”有人說現代人的時間被切得好碎，
但其實把時間切得那麼碎的人，是我們自己吧。“

想想，人不是機器，也不是 Siri，不必那麼有求必應，而我們會在聊天軟體上說的事情，多半不是什麼緊急的事。久了，朋友也知道你的回訊速度，再加上你們如果有真實互動，並不會因為你回訊息慢就真的傷了感情。

過好自己的生活，讓心情平穩，很多社交焦慮其實都來自於我們的壞習慣——太多戲和不受控制的想像力。站遠一點、抽離一點，就會發現自己也太矯情了吧！

慧川的課後相談室

Q：慧川！慧川！我應該跟同事聊八卦嗎？

A：我懂，誰沒在茶水間聊過是非？可是我建議還是盡量不要，因為你不知道你說的話會傳到誰的耳裡，或受到怎樣的曲解。

我也懂有時必須稍微融入，以免在職場被孤立。同事在聊，你又剛好在場時，建議簡單的附和，「真的假的？」「好誇張喔！」「想不到耶！」然後找機會離開話題中心。在聊天群組時也應該用這樣的方式，除非你可以確定聊天的環境百分之百安全。

不過，只要牽扯到人的地方，就不可能百分之百安全。

關於拜託：

有時候長大得臉皮厚，懂得「麻煩」才是真朋友

你的開口不一定總是麻煩，
有時，可以是走入彼此心裡的路。

擁有「不好意思」體質的人，生活總比其他人難一些。我是一個很容易不好意思的人，這種人格特質被寫入我的DNA和八字裡，導致年輕歲月常常把自己逼進一個「為什麼我在這裡？」「我在做什麼？」的情況中。

比如小時候在路上遇到摩門教傳教士，因為不好意思拒絕，只好在路邊聽了十幾分鐘傳教，最後還被帶回教會跪在地上，以豐年祭隊形和傳教士們手牽手大聲禱告，最後落荒而逃。高中不好意思拒絕好友邀約，參加萬聖節派對，硬是扮成陽婆婆，但朋友都扮很酷炫的角色。大學加入系上排球隊，很不好意思地待了一年，每次早上晨練的時候都不斷問自己：「為什麼我在這裡？」「我在做什麼？」參加比賽的時候，還因為前一晚鞋子被狗咬走，導致隔天無法上場比賽，想想也算是老天對我的疼愛。

不過我們這樣的人並不孤單。有個朋友和第一次約會的對象吃飯，其實吃完飯就想走，但不好意思拒絕對方續攤的要求，於是一晚續了兩攤，最後還被帶去媽祖廟，在媽祖面前見證了他們的第一日。隔天，朋友全面封鎖那位對象，但至今還沒去跟媽祖稟告這段戀情已經無疾而終。沒錯，那位朋友就是我本人。

不過現在的我長大了，臉皮厚了許多。已經敢跟電話行銷的銀行員說我不需要，發現結帳拿錯東西也不會硬著頭皮買回家了。最近一次，只有發現公車到站忘了按鈴，回神發現司機已經關車門，不好意思請司機再開門，硬著頭皮坐到下一站，未料下一站已經是信義區到木柵的距離，於是在上班時間進行了一次輕旅行。

不好意思的體質，影響的層面不只搭公車，或是應付摩門教士。在成長的過程，它還影響了我們待人接物，甚至一段友情、關係。相信買這本書的讀者，大部分應該都是已經或正在長大的成人。（如果你還是小學生，只是剛好學校圖書館有這本書，恭喜你，你讀的學校品味很好。）

長大的我們獨立了，很多事情可以自己處理，和自己相處，這樣很棒。越來越成熟的我們，不想給人造成麻煩，不想拜託人，甚至到了恐懼的地步。

就像我在上本書《跌倒沒關係，沒人看見就好》的「剝蝦之亂」說，人情債最貴，拜託是一種建立在成人之間人情上的利益交換；在「陪我」那篇說，陪伴這件事情需要花人的力氣、精神、時間，所以十分貴重。

有段時間，我發現一些老朋友突然變得很客氣，就連來問一些小事都小心翼翼，或是根本不敢開口要求我幫忙。難道是我出了一本書之後出現大頭症嗎？照過鏡子之後我排除了這個可能性。成人世界裡的確沒有閒人，大家都為了生計、家庭、目標在努力著，以前的小小要求現在都變得難以啟齒。

但是我們可能忘了，很多時候友誼是從互相麻煩開始的，「不好意思，可以借我一下立可白嗎？」「你可以陪我去廁所嗎？」「欸你陪我去看學妹啦！」長大之後，可能是「有間餐廳很美耶，你陪我去看看」「最近有個展你陪我去看」「很想看那部電影，我不敢看，你陪我」，這樣沒有利益牽扯和過多世故算計在裡面、很純粹的「麻煩」，其實是很討喜的。

大部分的難過、低潮，是要靠自己度過，但只要不濫用和需索無度朋友的陪伴，這樣的麻煩其實很刻骨銘心。

”
你拉了我一把，分散了我的難過；
我在我的記憶裡，
留下了一個願意為我付出的你。
一個人可以克服、度過的事情，
如果是兩個人或以上去做，收穫的會是情誼。
“

這樣的麻煩也和「剝蝦之亂」不同，像是要英文系畢業的朋友免費幫你翻譯一篇「很短」的文章；要有設計專業的朋友幫你設計一張「很簡單」的圖。這些套交情，明著說幫忙其實占便宜的行為，屬於不懂事的麻煩，很值得被絕交。

我相信「麻煩」是建立情誼的途徑之一，太懂事、什麼事都要做鐵錚錚漢子的人很辛苦，也很容易錯過美好的人和情誼，這不是我想要的。

SUMMER LOVE
LOEWE

"「我在」，這兩個字是我能給最小也最大的溫柔。"

所以，不要怕麻煩你的好朋友、新朋友，只要你的要求正當純粹；有機會也對你的朋友說：「你可以麻煩我。然後，我不行也會跟你說不行。」

Q：慧川！慧川！那要怎樣的麻煩才是可愛的？

A：這個問題很好。首先，這個「麻煩」必須解決起來不費力，你自己來好像也可以，但有了他的幫忙會更圓滿。不造成對方麻煩，甚至可以彰顯對方的長處。也就是說，你不可能「麻煩」同事做你的工作，這不只不可愛，還很欠殺。但是，你可以請妝化得很好的同事教你化妝，或請他陪你去挑化妝品；請教懂健身的朋友，或甚至「麻煩」他帶著你運動。一般人會因為自己能夠幫忙而得到成就感，雙方都能感到舒服的麻煩就是可愛的，相反，只有一方爽的，是可惡。

關於平凡：
別人生活中的狗血，
不會是你的日常

接受平凡，
接受你的速度就是比別人慢，
也接受自己以及生活真實的樣子。

有次在聚會上認識了一個做品牌行銷的人，聊到他最近經手的案子。他說他最近在幫一家做青草茶的店制定策略，聽起來挺有趣的，於是我問：「那你要先做些什麼？」

「先想一個品牌故事。」

「什麼樣的故事？」

「這個故事最好要有點感人，最好有百年食譜，祖傳三代，老闆因為看到年邁的父親對茶的堅持而感動，不想上一輩的好味道被遺忘，放下高薪工作回家賣茶。」

「所以這個故事不是真的？」

「不是，是編出來的，但會是很好的行銷故事。」

我聽了有點納悶，但因為和對方第一次見面也不好質疑。不過，為什麼不能因為老闆很愛喝青草茶就想開店？也許神明託夢給他，告訴他賣青草茶會大賺錢，他可以取名叫媽祖青草茶。為什麼一定得編一個賺人眼淚的故事？

但不得不承認，狗血的故事雖然老套，但人人愛看，沒有人想看平順的人生。就像我以前在當採訪編輯時，無論訪問誰，最喜歡問的問題就是：你做這張專輯的時候有沒有遇到挫折？拍這部戲的時候有沒有受到打擊？沒發片的時候有沒有經歷低潮？

通常整場專訪只有這種問題最好用，只要這個問題回答得夠漂亮，訪問就可以結束，其他回去自己維基百科就好了（我開玩笑的！）。但有一次，我訪問到一位歌手，慘遭滑鐵盧，一路從信義區滑到蘆洲。

那時歌手發新專輯，接受我們的雜誌專訪，我問：「一段時間沒見到你了，這段時間都還好嗎？」

「嗯，都挺好的啊，聽聽歌，休息。」

「沒有作品的這段時間，心情會不會沮喪？」

「不會啊，可以休息挺好的。」

「聽說你這段時間身體也不太好，是不是能和我們分享一下？」

「身體喔，也沒什麼，就是小時候一直都有的毛病，早習慣了。基本上我沒什麼低潮，做歌也沒什麼困難，很快就做好了。」

好啊好啊！我根本訪到快樂冠軍，心理超健康的人類，都沒有黑暗，生活在陽光普照的國度裡，我現在就結束專訪回公司遞辭職信！後來我才發現，不是每個人成功前都走過黑暗，還是有不少人走得平順，沒有風雨，老天爺賞飯吃，他就這樣走到了那個地方。面對這樣的人，得換一個訪問方式，沒有辦法把灑狗血的公式套用到他身上。所以，我改問他最近看了什麼電影、聽過什麼歌、早餐吃了什麼，有時候這些柴米油鹽醬醋茶的小事，反而更能顯出受訪者的人味，能挖到令人驚喜的故事，以及看待受訪者的新穎角度。

我也訪問過一些人，很明顯地感受到他們希望我把灑狗血的公式套在他們身上。休息了幾個月沒工作，就希望我們在故事裡把低谷架出來，希望我們放大他的每一個小挫折，但裡面的邏輯和內容越說越蒼白無力，寫故事的人還得加油添醋，替他們把故事拉回來一點，才顯得真實些。

也因為這樣，我反而特別欣賞那位什麼苦都說不出來的歌手，他的人生、事業，就是這麼一帆風順，那又如何？在這行，看過太多喜歡把自己的成功美化成淒美故事的人，而自己就是悲劇的英雄。譬如喜歡說自己白手起家，但我們都知道是家人給了他資本；說自己遭遇被世界否定的挫折，但不過只是一般人的日常。

有個朋友在一次聊天時跟我說：「怎麼辦，我已經三十歲了，依舊一事無成，那個XXX都已經經歷過什麼什麼了。」

我糾正他：「不是已經，是才三十歲！」一樣，生活裡充滿太多三十歲以前成功致富的故事了，他們身無分文、用雙手打拚、跌倒了又爬起來，然後而立之前成為了你羨慕的樣子。

但是，你根本不知道他的故事是行銷故事還是真的，依照我的經驗，聽到這種故事請先抱著理性且存疑的態度來看待。畢竟塑造假故事很容易，而它帶來的效益卻又如此大，讓人形象加分、名氣上漲、財源廣進，輕易就過了良心那關。就像青草茶的例子，只要沒出事，誰都不會去查故事的真實性。

"也許你的人生就是這麼平凡，也許你走路的速度就是這麼剛剛好，何必貪圖和別人一樣快、一樣狗血？"

我也很羨慕蔡依林可以站在小巨蛋唱歌，而我只能在KTV或家裡浴室，但那又如何呢？我沒辦法買下信義區豪宅，或是家裡沒有幫我置產，但還好我養得起自己，還有能力給家人一點照顧呢。做到這樣，你已經是很了不起的平凡人了，那些狗血的事就當作故事，聽聽就好吧。

Q：慧川！慧川！我真的很希望像崇拜的網紅那樣受萬人景仰！

A：真的，誰不想紅？誰不想發一張照片賺進好幾萬？（我沒有，我是小資網紅。）

但想當網紅，你得先評估自己的賣點在哪。你是特別幽默、特別有螢幕表現力，還是具有某方面的專業知識？千萬不要以為有幾分姿色就可以當網紅，因為最好的時代已經過了。這個市場已經飽和，長得好看的人太多，除非你真的特別好看，或者把自己整到光看你的臉就想花錢買你推薦的東西。

而且，其實網紅也有很多看不到的辛苦，就像人家說的「你必須非常努力，才能看起來毫不費力」。很多成功的網紅，私底下有驚人的自制與自律，包括運動和飲食、維護形象，難度不輸藝人。而且靠人氣吃飯，就要做好有天人氣不在時該怎麼辦的準備，還得忍受大眾的目光和輿論，這些你都想過了嗎？

關於分離：

有些關係適合回憶，分道揚鑣也是一種浪漫

有時在路上見到曾經的熟面孔，
卻也不會特別想叫住對方，
你們沒有交惡，只是失去交集。
你沒有特別想重燃激情，
只想讓回憶在腦裡獨自翻滾。

有沒有過一個或幾個朋友，你們曾經無話不談，同進同出，一起分享了某階段的時光。那時候你們以為這樣的友誼大概會持續很久，很久，就算不是一輩子。

一次和川媽吃飯時，她問起：「欸，那個ＸＸＸ怎麼樣了？以前不是常常來家裡玩，現在去哪啦？」

ＸＸＸ是我的國中同班同學，和我住得近，我們有段時間一起上下課，週末他也常來我家打電動，或是我去他家吃他爺爺的招牌瓜仔肉。他很好笑、嗓門很大，是動漫和布袋戲迷，因為他我認識了新世紀福音戰士和素還真。我以為我們的友誼會持續很久，但事實證明我高估了這段年輕的友情。後來，我們上了不同的高中，朋友圈不一樣，漸漸少聯絡，一晃眼就二十幾年。

記得在高中時辦了一場國中同學會，氣氛還算熱絡，但感覺卻不熟悉，有點獵奇，像是認識一群新的人。有人到外縣市念書，有人直接就業，聽說有人剛進監獄，還有人結婚生小孩了。聊不上幾句就累了，「哈哈、嘻嘻、真的假的」，這種無意義的語助詞填滿了對話，但不過才幾年前，我們還為了班際啦啦隊比賽蹺補習班，在學校排練到天黑。

長大的過程每走幾步，就得落下一些朋友，想起那時單純的友誼不見了，總會有點唏噓，但總是這樣的。身為大人，必須要能處理表面的、社交的、那些來不及成熟就變質的關係。而大人的世界雖然複雜，但在茫茫人海還是能夠碰到和你氣味相投、目標一致的朋友。不管是友情還是愛情都很類似，可以一次次的失望，但不必絕望。在這年紀有幸成為朋友，只要真心就好，不求長久。真的要分手時可以乾乾淨淨、互不相欠就夠了，尤其欠債烙跑真的很要不得（嗯？）。

小時候的感情看感覺，長大的感情憑三觀；小時候喜歡熱鬧歡騰，長大喜歡可以一起沉默的朋友。很多時候朋友沒變，只是自己變了，生活變了，想法變了。我們相遇，然後分道揚鑣，各自走散。

最近到首爾參加以前念書時代好友的婚禮，大家散布在各地，有段時間沒聯繫了，但還是聊得很開心，說著有空到彼此的國家時一定要約出來，但結束後卻不覺得這樣的約定有多重。以前覺得這樣的關係似乎有點虛、有點薄，後來想想，人一輩子能有多少扣打給一路陪伴的人？聊得來，可以舒舒服服喝杯酒的關係已經很好了。而且還有機會到對方國家蹭飯吃、有免費嚮導，這樣的關係一點也不虛。

人與人在很多時候都是這樣，能給彼此最好的對待就是互不打擾。

分開的情人也是如此，如果分得不愉快，再去打探或是維持友好，都是和自己過不去。但有多少人能真的做到？大部分都是把自己催眠成失憶。

如果和平分手，沒有討厭彼此總行了吧？有次，同事跟我說在臉書看到他的初戀男友要結婚了，「還好嗎？」我問，她說：「沒事啦，都過去好幾年了，只是心裡還是有些怪怪的，說不上是什麼感覺。」人是感情的生物。感情沒有對錯，無法事事套常理，所以很矛盾。正因為很愛過一個人，就算沒能在一起走到最後，你的理智仍會希望對方幸福快樂；但看到他真的快樂了，心裡又不免一陣失落。不必覺得這樣的自己很壞，因為我們是人。

> 既然斷得乾淨才是完美分手，
> 你別來，彼此就無恙，才是最好的狀態。

扯遠了，回到XXX。川媽的問題引發我的好奇心，回頭翻找臉書終於找到他。原來他去了美國，結婚了，還有一個可愛的女兒。川媽說，「那你給他按讚啊！發簡訊問問他最近怎樣，在幹什麼啊？」

我想了想，我們從來也不是相互惦記的關係，突然要人想起這段友誼還是有些唐突。就像分頭的兩人已經走遠，你突然回頭找他，問他記不記得你們剛剛在某個路口曾經互相點頭微笑。還是別了，知道他過得不錯就夠了，這樣比較浪漫。

Q：慧川！慧川！我朋友老是說我話太多，他們是真心的嗎？大家不是都愛聽故事嗎？

A：雖然不想潑你冷水（提好水桶），但他們可能是認真的。老實說，真的很少人喜歡話多，或一直分享自己故事的人。首先，人的注意力有限，專注聽你說話的時間也很有限。有研究說，人的注意力只能集中十五分鐘左右，所以TED演說大概都維持在十八分鐘是有原因的。

聊天的時候也是，不管你要講八卦還是談心事，記得請講重點，不要什麼事情都交代得一清二楚，留一些空白讓對方發問。如果你的話題或故事是有趣的，相信聽者一定會發問，如此他們也會覺得有參與感，這樣的聊天才暢快。只喜歡講自己事情的人，請你偶爾要把麥克風遞給別人，問問別人的生活和想法，不要只想把自己當話題吃到飽的人，久了朋友會很膩甚至想吐。就像你長大之後就不大想去吃到飽的餐廳一樣。

關於沮喪：

不管幾年生，沒有雞排珍奶無法解決的事

找件讓你開心又廢的事做，只要能提供一些生活的樂趣，有何不可？

沒有人可以天天快樂，就像沒有天天過年一樣。畢竟每天叫醒很多人的不是夢想，是帳單或其他更令人提不起勁的事情，例如媽媽。（開玩笑的！我很愛我媽！很愛很愛！）每一天不可能事事順心，再怎麼快樂的人，也總有幾件煩心事或壓力，也有很多人因為大大小小的挫折輕微地憂鬱著。

面對這些日常的小難過、微憂鬱，要怎麼排解？如果打開網路，輸入幾個關鍵字，可能會有人建議你去運動、看書、做一些正面陽光又有建設性的事情來發洩。如果是古人，可能會去寫詩作詞，仔細想想，古代的文豪們其實都是一群人生充滿挫折的魯蛇？但是對我來說，最有效的方法是做一件讓你感到有點愧疚又很快樂的事，也就是英文說的 Guilty pleasure。

受到挫折的人是很需要熱量的（？）。那些平時為了維持身材逼自己不能碰的食物、殘留在嘴唇上的紅酒汁液，這時候就不要管什麼身材、健康、形象了，短暫讓自己掙脫枷鎖，做意志力的侏儒。愧疚感會讓快樂加倍，這是真的，很多電影都這樣演（不要問我什麼電影）。

所以，我建議每個人都應該有自己的愧疚快樂，一件讓你感到幸福的事——有點危險卻不對人造成傷害、讓旁人輕微皺眉卻又極度安全。它是你的壓箱寶，在你的生活出現絆腳石、挫折時，你可以打開這個盒子，盡情地享受它。

可是，如果你的憂鬱和挫折是一種持續的狀態，以致每天都要尋求愧疚感的快樂，那是不行的。不只身體會受損，很有可能心理健康也出問題了，請你正視這個問題，設法改善，必要時尋求專業協助。

寫這本書的期間，我去看了《82年生的金智英》，這部片描述了女性在職場、婚姻生活，甚至社會上所面臨的性別困境。有人說這部電影適合帶媽媽去看，因為女主角經歷因性別帶來的壓抑、犧牲、妥協，是許多上個世代，甚至三十多歲女性經歷過的。但，我懷疑如果我帶川媽去看，她是不是能理解？

民國四十八年十二月，我媽邱彩彩出生在苗栗小鎮，那天沒下雪也沒有櫻花灑落。從小她就不是特別端莊的女孩，跑步跑得飛快，食量也很大，愛吃糖，吃得滿嘴蛀牙。

ソースかつ丼 530
小海老天
そば
どれでも ¥130

家裡沒有灌輸她女生長大了就要快點嫁的觀念，所以她高職一畢業就北上工作，雖然一度因為想念外婆，放老闆鳥然後一去不回，連辭職信都沒寫，但人不輕狂枉少年。和川爸交往前，雖然是爸爸主動追求，但兩人中間一度要失散，是川媽寫了一封強勢的情書才把川爸追回來。川媽交代我此生不准公開情書的內容，且她現在懂得用臉書追蹤我，所以我真的無可奉告。

在退休開早餐店之前，她在一家電子大廠吃頭路。我和姊姊出生後，彩彩都是以百米賽跑的速度做完月子然後返回崗位，我和姊姊的記憶和潛意識裡都不知道母奶是什麼味道（有人記得？）。川媽工作拚命，能幹，很快就升到部門主管，持續以早出晚歸的強度在工作著。

反觀川爸，後來因為工作不穩定以及身體受傷，索性就待在家了。他天天在家煮飯、打掃，做家事。那時我常常想，為什麼川爸不出去工作？為什麼他和其他人家的爸爸不一樣？但長大以後我發現，他們倆是最好的平衡。

川媽家事做得不好，做菜不好吃，記得小時候吃了川媽的菜，直覺反應是：「這女人怎麼這樣？」大家可以自己轉換為小朋友的口吻，我已經遺失了赤子之心。反觀川爸是家事男神（只有在家事方面是男神），很會打掃、很會煮飯，還會修水電，記得他教我掃地是有方法的，然後還有一些招式，但我至今未學會。

我問過川爸怎麼不去工作，他說：「你媽比我會賺，所以她去，我就把家顧好。」我問川媽：「嫁到這麼不會賺錢的老公，妳不會覺得很衰嗎？」當然，當時還是兒童的我，口吻不可能這麼尖銳，大家一樣可以自行轉換為小朋友的口氣。川媽開玩笑說，沒辦法就嫁錯人，但她還說了一段讓我印象深刻的話：「我賺得比較多，他在家也沒有比較輕鬆，而且我真的也比較喜歡在外面工作。」

邱彩彩的人設和金智英終究不太一樣，她沒有金智英的教育背景和夢想，也沒有被金智英那種從原生家庭建立的性別框架束縛。但她讓我看到，原來這個難題解法可以這麼簡單，又或許這解法得來不易，是他們關起門來討論的結果。但至少他們給我的說法與性別無關，我也從未從他們嘴裡聽到，「你是一家之主怎麼不出去工作」，或是「妳是媽媽應該做家事」。

電影裡金智英的救贖是孔劉，又暖又懂事，願意犧牲，還沒把金智英抓去驅邪。邱彩彩則追回來一個胸無大志、又不會賺，但擅長主內，只求家裡有他一雙碗筷的老公。

“日常裡挫折很多，
但那些微不足道的快樂能讓你平衡一些；
生活很難，但堅持一下再加一點想像力，
通常都可以找到出路。”

希望大家不管幾年生，都能找到讓自己幸福的方法。

Q：慧川！慧川！那我該怎麼找到 Guilty pleasure？

A：好的，這是一個很好的問題。你可以先從理智跟自己說不要做、做了不好，但做了很爽的事情開始。例如你愛垃圾食物，但一直克制自己不要吃，不開心時就買塊大雞排再加碼一杯全糖珍奶、冰塊加到滿；有人喜歡聞汽油味，那就不要去什麼森林吸芬多精，找一間加油站，站在那大口吸汽油，但出現頭暈或任何不適症狀請立刻離開；去KTV不開嗓、不喝澎大海，直接點〈煎熬〉，全程不導唱從頭唱到尾，唱完嗓子啞了但爽到不行。

想想什麼事情讓你做了很愉快，然後從中再加一點點危險但不嚴重的那種。這種方式滿足了你的某種欲望，還有一點叛逆的快感，可以緩解日常生活中那些不大不小的挫折感，推薦你試試。

關於珍惜：
有晴天就有意外

慎重對待你愛的人，
好好見面，好好說話，
好好吃頓飯，好好擁抱，
好好地道別。

在某個令人昏昏欲睡的午後，我坐在辦公室電腦前猶豫著要不要下樓買一杯咖啡，突然彈出媽媽來的訊息：「這週回家嗎？」

「對啊，幹嘛？有什麼節目嗎？」

「小貞走了，週末我們要回苗栗上香。」

我傻了大概兩分鐘，把這句話從頭到尾看了五次以上。「走了?!走去哪？」無法置信再跟媽媽確認了一次，確定是「走了」，最壞的那種。

小貞是大我十歲的表姊，前一晚說她頭痛，到了醫院便一覺不起，走了。她一直有高血壓的問題，聽說她停藥了一段時間，加上生活勞累，一發病就腦溢血走了。高血壓在這個時代不像是這麼致命的病，我很難接受這居然是她的死因。

長大後，平時和表姊接觸的機會不多，只有逢年過節跟著媽媽回老家時才會見上面。她是個性格豪邁的大姊姊，本來從事領隊導遊的工作，因為新冠肺炎疫情爆發，導遊的工作做不下去，加上阿姨身體不好，乾脆回鄉下老家陪阿姨。這段時間她跟阿姨學了一些手藝，自己做滷味、水餃、臘肉賣給親朋好友，因為口味不錯也做出口碑，培養出不少忠實顧客，我媽媽也是表姊的粉絲之一。

事情發生前一個月，我陪著媽媽回老家跟她拿臘肉。她在廚房裡忙進忙出，扯著招牌渾厚的嗓門招呼我們，端了一盤滷菜和韭黃牛肉水餃要我們試吃，在場的舅舅、阿姨、鄰居們連連誇讚好吃。當時我們還要回家處理奶奶過世後繁複的儀式，必須先離開，她提著我們要的臘肉送我們出門，誰也想不到，那句「再見」是我們最後的交流。

收到消息那個週末，我們一家前往表姊的靈堂捻香。正值梅雨季，雨水傾瀉而下，那天雨下得特別兇猛，稍稍緩解了旱象，卻讓這趟返鄉的路更難走。到了靈堂，表姊的家人都在，有人低著頭摺蓮花、有人負責接待、有些人聚在幾個角落說話、有些人面無表情、有些帶著微笑；相同的是，眼睛都有些紅腫。上了香，大家開始聊起表姊走的經過，聽說她走得很安詳，發病前後不到二十分鐘，走得快也沒有痛，這似乎是唯一能夠讓大家感到安慰的事。每每講到這裡，大家還能撐起幾抹微笑。

我們當中有個在修行的阿姨，她有所謂的敏感體質，我發現她的神色一直不對勁。突然她趴在桌上，一手拉著表姊的獨生子開始嗚嗚咽咽地哭起來，不停地用客家話說著：「媽媽最放不下你……」

「你要答應媽媽會好好照顧自己，媽媽才可以放心走……」外甥聽了泣不成聲，抓著阿姨的手一句話也說不出來。

那不是我第一次見到阿姨被附身。一直對這樣的事半信半疑，但那一刻我也止不住淚水，頻頻抽衛生紙。表姊走得突然，現場除了送她到醫院的姨丈，沒人見到她最後一面、說上最後一句話。大家的心裡或多或少都帶著遺憾，而這樣的場景就像及時的梅雨，紓解了些許心中的苦。

傍晚舅舅訂了一家餐廳，要大家一起吃飯，開了三桌，坐滿親戚以及表姊生前的好友。像平時過節一樣，大家圍坐在一起，互相交換近況；表姊的孩子大學念不下去想休學、表哥剛出生不久的兒子，長得胖嘟嘟的，大家不停搶著抱他拍照留念。

我喜歡的菜不停上桌：薑絲炒大腸、客家小炒、椒鹽龍珠、韭菜炒芋粿、醉蝦、白斬雞，全都是最適合的下酒菜。舅舅是家族裡最愛喝也最能喝酒的人，很少人能和他一起一杯杯地乾威士忌，能和他拚酒的人大概只有表姊了吧。她長期在外帶團訓練出的好酒量，完全不輸舅舅。

觥籌交錯、相互夾菜的景象都不陌生，是我們每次回老家的經典行程，但那天感覺特別不真實。大家像沒事般吃飯聊天，沒一會又有人潸然淚下，身旁的人急忙遞衛生紙。生活必須照樣過的現實很無奈，多了一個空位、少了一副碗筷的失落感又太過於龐大，時不時壓得人喘不過氣。

如果人和人之間的關係或緣分存在有限的數字，那麼我們和每個人相見和相遇的次數的確是見一次少一次。

芦池福田ビル
大阪市立 みなみようちえん

「人生無常，世事難料」，每個人都熟得像一句順口溜，平時說起來毫無感覺，在某次生活不順的時候，拿出來開玩笑。但年紀漸長，才能體會這句話有著多麼深刻的無奈。然後，「把握當下」四個字隨後出現，用正面積極的意義沖淡成年人的無力感。

長大這件事帶給人很多收穫，在這過程中也必須不斷地失去。每一個能和你好好見面、好好說話、好好吃頓飯的人，都值得被慎重地對待。每一場見面也該好好地道別，好好地擁抱。

"時間、世界、生活，對每個人都很公平，晴天和意外也是。"

Q：慧川！慧川！逢年過節時你會怎麼對愛的人表達心意？

A：大部分的人是不是都在想著要買多貴的禮物，才對得起你愛的人？我的朋友告訴我「錢是最廉價的東西」，都有聽過「錢能解決的事都不是難事」這句話吧？就是這個道理。

與其想著父親節、母親節要送什麼名貴的禮物，倒不如常常回家讓爸媽看看，常常發訊息給他們，讓他們知道你的心裡有他們；與其想到了才請下屬、朋友、同事吃飯，倒不如平時就給他們一些小小的幫助、關心他們，遠比需要他們時才示好有用多了。

關於道別：

用感激的心，和愛的人說再見

別用他的離開責怪自己，
好好保存你們之間溫暖的回憶。

長大這件事情很討厭，最討厭的就是你除了知道、還越來越能感受到你愛的人，在你生命裡的時間越來越短。「見一次少一次」這樣的說法，很煽情卻精準無比。

關注我一段時間的人，或者是買過我第一本書的讀者，應該都對我奶奶戊妹不陌生。在這本書她又出現了，但這時的她，已經離開我的生命。

她是個女強人，獨力扶養三個兒子；精明的生意人，曾在法國人家裡幫傭的她，把女主人拐到市場陪賣烤地瓜，讓她成為市場紅人；也是一塊田和菜園的經理人，勤勤懇懇、努力把田地和菜園經營成讓鄰居眼紅的福田。現在想起她那些有趣的故事，仍讓我眼眶溫熱，嘴角不停上揚。

她走了以後，我還是經常想起她的一切，像是她的手路菜。戊妹煮菜不算好吃，卻很有個人特色。也許是因為她一直以來身兼多職的原因，所以發展出一種快狠準的風格。如果要簡單形容她的菜，大概就是一個「大」字。

不是說她很會做大菜，而是她的菜體積都很大。像是她炒出來的青菜永遠都很大盆，端出來的地瓜葉永遠都和山一樣高，尖尖的。小時候我有便秘的問題，她會炒南瓜給我吃，忙碌如她，沒有講究刀工的閒工夫，她的炒南瓜每次都切得和牛角麵包一樣大。至今，我還是沒有喜歡上南瓜，但南瓜對我的意義很深刻。

她從來不看、也沒有食譜。長大後回老家看她時，她只要走進廚房，不一會就可以聞到熟悉的鍋子火氣味，裡頭時常混了醬油、蔥、薑、蒜、辣椒那些她用習慣的材料和調味。廚房有什麼她就煮什麼，食材千變萬化，有時是自己摘的菜，有時是市場裡誰誰誰給她的，她會說「那個誰誰誰說這種菜對身體很好」。不變的是她的菜還是一盆一盆，不管怎麼夾，菜好像都不會減少，非常詭異。

印象最深的是，戊妹很常準備客家雞酒，那是一種用米酒燉的雞湯，很適合冬天喝。但在戊妹的家，不管是夏天還是冬天都可以吃到。她總是用一個很大、像臉盆的器皿來煮，酒味很濃，雞身很齊全。為什麼說齊全，因為雞剁是剁了，但從雞頭、雞爪到雞屁股，所有部位都在裡面，吃雞湯還能順便上一堂雞的解剖學。我說看到雞頭就沒胃口，她笑笑說：「雞的頭有什麼好可怕。」

不過，這幾年戊妹身體越來越差，慢慢地不再進廚房了，也沒力氣搓湯圓、揉粿、淘米包粽子。回到戊妹家，她總是一臉抱歉地說，兒孫回來都沒辦法煮菜給孩子吃，我們也只能安慰她別忙。昔日戊妹在廚房裡意氣風發、火氣繚繞的畫面，漸漸變得蒼白。

沒多久，她的狀況越來越差，差到必須進她最討厭的醫院。她討厭身上的管子，討厭什麼都不能做，不能下田、不能騎腳踏車、不能叮嚀孫子孫女快點結婚生子。她無法說服大家她很健康，不要一直回來看她，更不能再燉一鍋全雞雞酒，笑笑她的孫子有多膽小。

三月三十日凌晨五點多，接到姊姊的電話，「奶奶走了，你快點回來吧。」我呆坐在床上，腦袋一片空白。其實那幾天我都告訴朋友，我已經做好她隨時會走的準備，心裡已經平靜很多，打算週末守在醫院，陪她走到最後。但最後她還是走得這麼匆忙。

姊姊發了一封訊息：「奶奶看起來很安詳、很美。」這時我的淚腺才反應過來，在高鐵的車廂裡眼淚不停掉。生活中除了打呵欠之外我很少掉淚，少到我以為自己的淚腺已經萎縮。怕嚇到隔壁的乘客，我把墨鏡戴上，那一刻有種拍電影的錯覺，很希望這只是一部很悲傷的電影，擦掉眼淚之後一切又是老樣子。

奶奶躺在醫院的一個多禮拜，大概是她離家最久的一次。她很不喜歡離開那間她花了一輩子攢下的房子。記得幾年前，爸媽花了很大力氣才把奶奶勸來家裡住幾天，但才睡一晚，隔天奶奶就拎著行李說要回家，明明年紀這麼大了，還像個小孩子。

我一直很難相信兩週前還能走動，跟我說兩句英文的戊妹真的已經不在了。住院前，她告訴我她存了很多錢，我開玩笑要跟她借錢，她開朗地說：「好啊，借你啊！」

第一天法會結束後，回到老家整理她的遺物，門口有張椅子凹陷得特別嚴重。那是她最常坐的椅子，不是因為它特別舒服，是因為椅子正對著門口，孩子或孫子回來時能一眼就看見。她很愛送客，每次回去時我們老叫她別送了，她總是堅持要把我們送到巷口，路上一定緊緊握著我的手，叮嚀我：「要認真、要認真。」

除了愛她，我也很感謝她，感謝她來到我的生命中，讓我體會到不同於父母的親情；感謝她教了我很多事，像是遇到喜歡的人就帶他去吃滷肉飯。我笑說吃滷肉飯會把人嚇跑，她卻說：「不會跑走的才是能一起過日子的人。」告訴我哭的樣子很醜，要多笑。但和她告別的那天，我還是又醜了一波。

和愛的人在一起的時間永遠都不夠，道別時傷心難免，但請記得值得感謝的事情。像是我感謝老天讓我和戊妹的生命重疊了三十年，感謝在她還健康時我把第一本書寫完交到她手上。這些你感謝的事情，能中和掉一些傷心的苦澀感。所以……

”請記得在你愛的人還在時，
創造些快樂的事。“

當有一天，你們彼此任何一個人不在了，你和對方都能帶著感激的心道別，這場別離，也許就不會這麼蒼白。

Q：最近我有個親人過世了，但我沒有哭，我是不是很冷血或不孝？

A：請記得，你不是「孝女白琴」，你沒有表演的需求也沒有義務哭給誰看。哭只是一個難過的結果，不是必然原因。人面對悲傷時的處理方式不同，也許你因為某些原因隱藏著巨大的悲傷，也許還有其他事情讓你無法直視或感受悲傷。每個人處理情緒的方式和時間都不一樣，不須因此責備自己甚至批評別人。

但也記得，如果久久無法走出憂傷的情緒，或是不知怎麼處理時，還是要尋求專業協助。成人有各種憂鬱的理由，不代表你是弱者或有人格缺陷，它就和任何身體疾病一樣，應該受到正視，不是歧視。

關於自己：

能和你熱戀一輩子的，只有自己

所以，永遠不要放棄自己的價值，對自己保持好奇，永遠和自己戀愛。

不知不覺走到第三十篇了，最後一章想和你聊聊關於自己這件事。

我的高中好友老皮，遠嫁馬來西亞好幾年了，生了一雙兒女，生活看上去十分幸福，偶爾我們會用訊息聊天，聊聊近況。

「幹嘛，最近如何？」

「沒什麼事啊，就是小孩子都上小學了，白天滿無聊的。」

「那妳怎麼不去找工作啊？還可以賺點錢買喜歡的東西。」

「都離開職場好幾年了，加上我又是外國人，不知道可以做什麼。」

老皮原本在台灣一家日商公司上班，當年受老闆器重，準備要升她時就決定結婚，搬到人生地不熟的馬來西亞。現在家庭幸福，老公雖然是一般白領，但有公婆幫忙兩夫妻，過得也還不錯。只是生活必須全仰仗老公，除去當媽媽的生活，日子有些無聊。

不得不說，我滿佩服老皮的，可以放下原本很有發展的工作，到另外一個環境，開始一個自己無法有太多掌控的生活。我曾經問她有沒有想過哪天如果老公外遇了，或是婚姻走不下去了怎麼辦？

「我幫他生了兩個孩子、丟下一切來這裡，他如果敢對我不好，我就把兒女都帶回臺灣自己養！」

話說得很決絕，但到現在這個年紀，看過朋友幾段失敗的婚姻就知道，如果事情發生了，很多時候有太多事情會讓人無法這麼瀟灑。有的為了某些包袱，只好又把自己隱藏起來，繼續苟延殘喘的關係。

我想了想，如果我是老皮的話會怎麼選擇，是不是也會丟下一切跟著老公出走？如果我不走，是不是也代表我們的愛情沒有那麼偉大？直到有次和友人凱特吃飯，聊起她當初去北京的過程。

凱特是我另一位作家朋友，多年前她在臺灣做化妝、造型師，那時的她已經與多位藝人有固定合作關係，收入相當好。當時她的男友、也是現在的老公，曾經因為她放棄了國外很好的工作機會，只因為想要好好地「和她在一起」。相信很多人聽到這樣的話，都會大為感動，覺得這個男人太好了，為了自己什麼都不管。但凱特知道後很生氣地告訴他，以後絕對不要為了她放棄任何好機會。

之後，她先生決定到北京闖，他們面臨關係是否要繼續下去的決定。決定一起去，絕對不是單單為了愛這麼簡單、這麼偉大。她審慎評估了自己能在北京做什麼，深信自己的一技之長可以支撐在北京的生活，才毅然決定隨先生去闖。

她經歷過什麼案子都接的日子，甚至在零下的北京街頭替人化妝化到手凍傷，慢慢攢名氣、等機會，最後成為幾個大牌藝人的合作化妝師，成功靠自己養活自己。甚至在先生事業低迷的時候還能說出，「沒關係，我可以養你」這樣的話。

凱特讓我體會到：

“真實的愛不是我肯為你放棄一切，
而是我願意用自己的能力為我們爭取一個選擇權。”

有時候浪漫的愛情很輕，撐不起沉重的生活日常。這點在生活周遭、電視上應該可以輕易發現，沒有誰的愛意可以保證能帶著你走到最後。生活的路上，如果沒有持續奔跑、持續找機會、找自己的價值，愛情很容易成為易碎品。

從現實點來看，不管身旁圍繞了多少愛你的人，你始終是一個人，他們都會離開你。有些人會陪你很久很久，也有些人很快就等不及開溜了。當一個人想走的時候，什麼枷鎖都可以掙脫，即使勉強留在身邊，距離還是很遠。那麼以投資的角度來看：

“除了自己，有什麼更值得投資？
有什麼比和自己熱戀更重要？答案是沒有。”

回到老皮的情況，我不會說她為了愛情離開臺灣、辭了工作是錯誤的決定，我會告訴她，她需要時間探索自己的價值，找出自己的可能。在合適的時機出現時她便會理解，只要不放棄，不隨便接受「反正這輩子大概就是這樣了」這種心態，世界就會很不一樣。

生活這場戰役沒人能幫你打，也沒有人可以永遠為你遮風擋雨、為你撐傘。不管你是單身、結婚、為人父母，都別把自己寄託給另一個人。如果你是很努力的人，你會發現永遠站在你身邊、支持你，和你並肩同行的，不是別人，是你自己。我不是鼓勵單身，我相信兩個人的日子一定會更加圓滿，我想說的是，說要和你熱戀一輩子的人，自己都不能保證這句話了，你又怎麼能相信？

所以，永遠不要放棄自己的價值，對自己保持好奇，永遠和自己戀愛。

Q：慧川！慧川！我該怎麼找自己的價值？

A：找價值這種一生一世的事情急不來，寫這篇並不是要你現在就去找。我相信一定有許多人，現在因為可能處於某個人生階段，必須暫時放下自己，把自己放在某個位置。

所以我想說的是，你該保有的是不斷尋找自我價值的心，而不是把價值建立在別人身上，或是依靠著另一個人。他願意時，你理所當然地享受成就或舒適；而他不高興了，你就什麼都不是。握有自己價值，你才能是顆鑽石，而不是脆弱的玻璃。

7

RESTAURANT
BISTROT
ENJOY

慧川（睡前）的三十五條建議

建議永遠給不完，我只能用隨機的方式，每天睡前花兩分鐘想想還能告訴你什麼，希望這些隨機但不隨便的生活建議，能對你起到一些幫助（燦笑）。至於為什麼是三十五條，因為我今年剛好滿三十五歲，就是這麼隨機。

1 如果你和我一樣老是習慣閃避一些事，如起床、告訴某人壞消息、開始某項工作，使用「五秒法則」。也就是心中倒數五、四、三、二、一，做！加入一個儀式感，你會突然衝勁一百。

2 存錢不是有錢再存，薪水少時更要存，這是二十多歲薪水少而亂花錢的我給你的真心建議。也可以嘗試一些穩健的長期投資方式（如ＥＴＦ），時間拉長到至少十年。

3 在追求愛情的理想型之前，永遠先照鏡子。對方是不是能和你勢均力敵非常重要，哪一方過弱、甚至必須依附對方的下場，很難有好結果。

4 我不喜歡什麼都表現得很滿的人，「我好喜歡你」「我愛你」「討厭你」「超好吃」，孩子才會沒分寸地把這些話掛在嘴邊。倒不是因為大人失去表達能力，而是長了節制與克制，知道這些話在對的時候說，才有力量。

5 哪裡不舒服就去看醫生，現在小毛病，之後會很大條。健檢，或是看看中醫調身體，都是微不足道卻有效的自我投資。

6 想想怎麼可以利用無法改變的缺點。就像有些人圖畫得很醜，但變成醜圖插畫家，一切都是天時地利人和。

7 內向、安靜、容易尷尬不是缺點，不是人人都能握主持棒，當你不去在意時，那就不是個事了。

8 不要害怕談性。我很驚訝我這個年紀的人，還有很多人連基本的性知識都沒有，以為性器官只有一種樣子。

9 欲拒還迎、拐彎抹角是年輕人玩的，三十後要坦率點，交友、戀愛、性都是，老話一句：「大家都很忙。」

10 對方是否已讀沒回你，不是很重要，他可能在忙、可能忘了，就算是情人也沒有一定要秒讀秒回，他們是人，不是Siri。

11 好好用標點符號，少用「～」，會降低你給人的印象智商。

12 拍照濾鏡不要開到最強，調整到中間值就好。不要修片修過頭，因為大家都知道你不是長那樣，很糗。

13 自嘲是讓自己受歡迎很棒的方式，開得了自己玩笑的才是大人。

14 一年整理一次衣櫃，就會發現你真的不需要那麼多衣服。一年都沒穿上的衣服就捐出或賣掉吧，除非你有意把它當傳家寶。

15 不要再拿自己天生臭臉當藉口，見了人點頭微笑不難。

16 不要老是當沒意見的人，尤其職場，那是個很需要戲分的地方。

17 偶爾試試很少穿的顏色，人不可能只適合一種顏色，給自己和他人製造一點驚喜。

18 不要再買品質很爛的衣服，你不舒服，別人看了也不舒服。

19 廣告裡有越多人見證的產品，越要提高警覺，效果好很難會跟便宜畫上等號。嗯……甚至可以說不可能。

20 如果你要逛街就要在心裡抓定預算，花到點就喊停。如果試穿了也請做好付帳的準備，「我只試穿不買！」通常只是自我安慰。

21 如果你不能好好追劇就不要怕被劇透，因為就算不碰網路，也很難控制身邊的人不談。既然你無法好好追劇，就要接受會被爆雷的可能，不要一直大驚小怪的。

22 永遠都對人善良，不要等到地位改變了才變得溫柔，因為別人不會忘了你先前高高在上的德性。

23 把手機通知關掉，你會發現原來有這麼多時間都花在確認訊息、亂滑社交網路上。

24 拜託開始運動，你會變好看、變健康、床上表現還會變好，你確定不試試？

25 不要再用帥哥、美女稱呼人，很老套也不真誠。在這個男神、女神通貨膨脹的時代，不如叫先生、小姐即可。

26 說話請經大腦，練習好好講話，給對方臺階。「路上是不是塞車了？」「是不是有什麼事耽誤工作了？」對方舒服，也更願意說實話。什麼事都是可以練習的，會說「我這個人個性就是這樣」的人，最討厭。

27 珍惜業配寫得好的網紅，那代表他是認真經營的人，而且要把業配寫得好有多不容易，你自己試試就知道了。

28 請開始保養，否則三十歲過後你會明顯感受到它的反撲，男女皆是。

29 從事採訪編輯後我開始注意自己說話的語速、贅字、口頭禪。有空可以把自己聊天或上臺報告的聲音錄下來，你可能會驚覺自己說話有多沒效率。

30 如果能出國就出國讀書，這種經驗給你的眼界、接觸到的人、給你的思想衝擊都是無法想像得大。無法出國留學的你也未必輸人一截，我認識太多傑出的朋友都沒有留學，臺灣的教育一樣很好。有能力之後，用自己的能力出國走走、進修，一樣可以開拓眼界，語言一樣可以學好。一切取決於心態和你是否有一顆好奇的心。

31 幫爸媽使用科技產品可以拉近距離、減少隔閡，感情會變得更好。上一輩的人不懂表達情感，但那不是你們溝通不良的藉口，你可以做那個改變的人。對了，記得幫他們把帳號、密碼記起來，放在雲端，因為他們一定會忘記，也一定會來問你。

32 有時間可以了解一下星座，就算不信，沒話題的時候非常好用。

33 走路不要再低頭玩手機了！還有，在路上抓寶的時候站到一邊去，不要擋人的路！

34 不要輕易被激怒，你會很容易做出錯誤的判斷，深呼吸。

35 你可以借鏡別人的人生故事，但不要套用。

國家圖書館出版品預行編目資料

懂得藏起厭惡，也能掏出真心：30堂蹺不掉的社會課 / 郝慧川著. -- 初版.
-- 臺北市 : 方智, 2020.09
272面；14.8×20.8公分 --（自信人生；165）

ISBN 978-986-175-563-2（平裝）
1. 人生哲學 2.生活指導
191.9 109010002

Eurasian Publishing Group
圓神出版事業機構
方智出版社
Fine Press

www.booklife.com.tw reader@mail.eurasian.com.tw

自信人生 165

懂得藏起厭惡，也能掏出真心

30堂蹺不掉的社會課

作　　者／郝慧川
發 行 人／簡志忠
出 版 者／方智出版社股份有限公司
地　　址／台北市南京東路四段50號6樓之1
電　　話／（02）2579-6600 · 2579-8800 · 2570-3939
傳　　真／（02）2579-0338 · 2577-3220 · 2570-3636
總 編 輯／陳秋月
副總編輯／賴良珠
主　　編／黃淑雲
專案企畫／沈蕙婷
責任編輯／胡靜佳
校　　對／胡靜佳 · 陳孟君
美術編輯／金益健
行銷企畫／詹怡慧 · 楊千萱
印務統籌／劉鳳剛 · 高榮祥
監　　印／高榮祥
排　　版／莊寶鈴
經 銷 商／叩應股份有限公司
郵撥帳號／ 18707239
法律顧問／圓神出版事業機構法律顧問　蕭雄淋律師
印　　刷／國碩印前科技股份有限公司
2020年9月　初版
2020年12月　11刷

定價 350 元　ISBN 978-986-175-563-2